張程——著

權謀與詩酒，魏晉的興衰史詩

從曹魏掌權
到西晉覆滅

三國鼎立的局面漸歸統一，司馬家的崛起又讓政壇暗流湧動；
竹林七賢所代表的清談風氣為何被當局所不喜？

南北分裂、朝代更迭、梟雄四起、狂放不羈⋯⋯
這個橫跨三百多年的時期雖動盪，卻又創造出極其輝煌的歷史！

目錄

目錄

禪讓這場戲要演好

一

延康元年（西元二二〇年）二月庚戌，新繼位的魏王曹丕下令關津減稅，恢復什一稅制。辛亥，曹丕賞賜諸侯將相以下粟萬斛、帛千匹、金銀不等，同時煞有其事地派遣使者巡查郡國。所有行為都有一個共同的目的：收攬民心。而收攬民心的目的則是：推翻立國四百年的漢朝，建立曹魏王朝。

在皇權轉移中，意識形態的準備是必不可少的。簡單地說，後來者需要在自己臉上貼金。神化自己是最常見的做法，即讓純樸的老百姓相信自己是天人下凡，相信自己的登基是天命所歸。巧的是，在歷史的關鍵時刻，總會有大批恰逢其時的「祥瑞」出現。

先是民間開始傳言曹丕出生的時候，有青色的雲氣像車蓋一樣漂浮在嬰兒身上，終日不散。風水師們一致認為這是曹丕至貴的證明。這時，百姓們才開始明白：原來曹丕一出生的時候，就不是凡人啊！

此間又出了一個叫殷登的人，說自己在熹平五年（一七六年）的時候記得一件事：當年譙地（曹操老家）出現了黃龍祥瑞。大名士、光祿大夫橋玄就悄悄問太史令單颺：「這個祥瑞什麼意思啊？」單颺回答說：「這說明譙這個地方會有王者興起。在五十年時間裡，黃龍會再次出現。」殷登說自己當時在場，就默默記下了這件事。四十五年後，也就是延康元年（二二〇年）三月，黃龍再次出現在譙。當時殷登還在世，大肆宣揚這件事，引起中原轟動。最後曹丕出面召見殷登，做了一次談話，賞賜殷登穀三百斛，送回家去。

之後，魏國的形勢一片大好。同月，濊貊、扶餘、焉耆、于闐等部落都派遣使者向中原進獻。四月丁巳，饒安縣出現典型的祥瑞白雉。曹丕很高興，免了饒安縣的田租，賞賜勃海郡百戶牛酒；太常以太牢祠宗廟。

但是事情突然起了波折。當月，大將軍夏侯惇病逝。曹丕親自素服在鄴城東門發哀。有人指責曹丕的行為失禮。按禮，天子哭同姓於宗廟門之外。曹丕與夏侯氏並非同姓，卻哭於城門，是不當的行為。這其實暗指曹丕家族與夏侯家族的「不正常關係」。曹丕的爺爺，也就是曹操的爸爸曹嵩原本是乞丐，被大宦官曹騰收養後才有了姓氏。東漢官場上就一直盛傳，曹嵩原來是複姓夏侯的小乞丐。因此在曹操一世，夏侯家族步步顯貴。現在是曹丕登基的前夜，有人重提曹家這件不光彩的往事，殺傷力巨大。

這表明，一部分世族大家還並不認同曹氏家族登基稱帝。

曹操在世時，不少名士很瞧不起曹操，與曹操政權對抗。曹操也不時做出壓制豪族名門浮華風氣的舉動。客觀上，曹操必須壓抑以清議名士為代表的地方豪族勢力，破壞朋黨交遊便是其一舉措。雖然沒有打擊到世族大家的根本，但曹操對世族大家的厭惡和壓制是明顯的。在曹姓代劉幾成定局的時候，世族大家需要曹丕給他們保證，維護和擴大他們的利益。雖然曹丕本人已經完全是一個世家子的出身和行為舉止，但缺乏明確的承諾和制度上的保護，世族大家們還是不放心效忠於曹氏家族。

這時候，昌武亭侯、尚書陳群提出了「九品中正法」，建議改革官員人事制度。九品中正法的內容是在郡國設定中正，評議本地人才高下，分九等，按照等級分別授予官職。評議的標準主要看家世（被評者

的族望和父祖官爵），其次看道德，最後才看一個人的才能。而擔任評議的都是當地的貴族顯要。這樣的制度到底對誰有利，可想而知。此法一出，獲得了世族大家的一片讚賞之聲。

這實際上是世族大家對曹丕出的考題，是世族大家與曹氏家族進行權力交換。

世族大家要求確保自己的地位和權益，並希望能夠世代相傳。九品中正法就是一個制度上的保證。曹丕毫不猶豫地批准了這個制度，開始在全國進行人事改革。它成為魏晉南北朝時期世族勢力惡性膨脹的制度源頭。

時間到了五月，劉協「命令」曹丕追尊祖父、已故太尉、乞丐出身的曹嵩為太王，祖母丁氏為太王后，封王子曹叡為武德侯（劉協還真是配合）。

六月辛亥日，曹丕在東郊閱兵，集中兵力開始南征。這次南征，公卿相儀，華蓋相望，金鼓陣陣，完全是曹丕對個人勢力的一次檢閱，是對天下百姓的一次試探。因此整個軍事行動更像是一次盛裝遊行。曹丕先到了屢次出現祥瑞的老家譙。他在家鄉大宴三軍，並在邑東召集譙地的父老百姓，設伎樂百戲，與民同樂。在歡娛間，曹丕說：「先王非常喜歡家鄉，不忘根本。譙，真是霸王之邦。我要減免譙地的租稅二年。」當地的三老吏民聞言紛紛向曹丕祝壽，通宵達旦。幾天後，曹丕還去祭掃了先人的墓地。

到了冬天，曹丕大軍終於達到長江以北。孫權整軍以待。曹丕看到東吳軍隊軍容整齊，說，東吳還是有人才的，我們暫時先回去吧！（這句話讓長江對面的孫權聽得一愣一愣的。）臨行，曹丕下令：「大軍征伐，死亡的士卒有的還沒有得到收斂，我感到非常悲痛。各郡國要為這些人

收殮，送到烈士家中。官府還要出資為他們設祭。」他臨別了還不忘討好軍隊，向天下展示自己的仁慈。

<h1 style="text-align:center">二</h1>

自即位以來，麒麟降生，鳳凰來儀，黃龍出現，嘉禾蔚生，甘露下降。做足工作的曹丕就等著劉協禪讓了。

關於這次禪讓，正史和野史的記載截然不同。

《三國志》的曹丕傳記用了幾乎一半的篇幅刊登相國華歆、太尉賈詡、御史大夫王朗、九卿、將軍、守令等人的勸進書。劉協一再下詔禪讓，曹丕一再推辭；大臣們動不動就聚集一百二三十人集體勸進，而且周而復始，不厭其煩，也不擔心曹丕生氣。曹丕就是不答應。連劉協都說，魏王不接受禪讓，那怎麼辦啊？最後彷彿勸進的大臣們都著急了。尚書令桓階對曹丕說：「現在漢朝的命氣已經盡了，臣等都認為天命降臨大魏，陛下還前後退讓。漢氏衰廢，就要嚥氣了，史官和耆老們的紀錄都證明了這一點。天下百姓都唱著歌謠，呼籲明主出現。陛下應該響應上天，接受禪讓，馬上登壇祭天，不然就是久停神器，抗拒上天和億萬百姓的意願啊！這可了不得啊！」曹丕在萬般無奈的情況下，說了一個字：「可。」於是大臣們和百姓都歡天喜地地開始慶祝了。這段完美的記載總讓人懷疑真實的情況是否如此融洽、順利。

《三國演義》、《華陽國志》和其他野史則完全為我們描述了一副逼宮的鬧劇：

華歆等一班文武，去見劉協，要求劉協禪讓。華歆說：「魏王德布四方，仁及萬物，是古今第一人。我們大臣都認為漢祚已經盡了，請你效法堯舜，以山川社稷為重，禪位魏王。」他還撂下一句狠話：「只有這樣，你才能安享清閒之福！我們都商議定了，特來奏請。」平時文質彬彬、以才學震天下的華歆竟然說出這樣的大逆話語來，真是讓人吃驚。據說劉協聽大臣們這麼說，驚得半晌說不出話來。終於，劉協壓抑著的情緒爆發出來。他注視著百官哭道：「高祖皇帝提三尺劍，斬蛇起義，平秦滅楚，創造基業，世代相傳，到我這裡已經有四百多年了。朕雖不才，但也沒什麼過錯，我怎麼忍心將祖宗基業捨棄不顧？」劉協頓了頓，真誠地說：「祥瑞圖讖，都是虛妄說不清楚的事。請各位大臣深思！」與華歆同來的、學問更高的王朗說道：「自古以來，有興必有廢，有盛必有衰。天底下哪有什麼不亡之國、不敗之家啊？漢室相傳四百餘年，到現在氣數已盡。陛下還是早早退避為好，遲疑了就要生變了。」一旁的九卿、尚書和禁軍將領等都頻頻點頭。話已至此，劉協只有大哭，逃入後殿去了。百官哂笑著散去。

第二天，百官再次雲集金鑾殿，命令宦官請出劉協。劉協恐懼地不敢出來。劉協的皇后是曹操的女兒、曹丕的妹妹。見到丈夫這樣的窘態，曹皇后大怒，說：「我哥哥怎麼做出這樣亂逆的事情來！」外面的百官推舉曹洪、曹休兩人帶劍進入後殿，逼劉協出殿。曹皇后大罵自己的這兩位叔叔，說：「都是你們這些亂賊，貪圖富貴，造反謀逆！我爸爸功勳卓著，威震天下，都不敢篡竊神器。現在我哥哥繼位還沒幾天，就想著篡奪皇位。老天爺是不會保佑你們的！」曹洪、曹休兩個人不去理會自己的姪女，裹脅著劉協出殿。劉協萬般無奈，只好更衣出來接受最後的審判。

面對華歆等人的再次逼宮。劉協痛哭流涕：「你們都領取漢家的俸祿多年了，中間還有很多人是漢朝開國功臣的子孫，現在怎麼就忍心做出這樣的事情啊？」華歆冷笑著說：「陛下若不聽從我們的話，恐怕馬上要禍起蕭牆了。這並非我們不忠於陛下。」

　　劉協大喝：「誰敢殺我嗎？」

　　華歆厲聲說：「全天下的人都知道陛下沒有人君之福，導致四方大亂！如果沒有魏王父子在朝，殺陛下的人何止一兩個？你這麼不知恩報德，難道不怕天下人群起而攻之嗎？」

　　劉協受到極大驚嚇，拂袖而起。旁邊的王朗向華歆使了個眼色。華歆竟然快步走上皇帝寶座，扯住劉協的龍袍，變色厲聲說道：「同意還是不同意？就一句話！」劉協哪經受過這樣的場面，渾身顫慄不能回答。他環顧四周，宮殿內外披甲持戈的幾百人全部都是魏王親兵。他哭著對群臣說：「我願意將天下讓給魏王，請各位保留我的性命。」

　　當權力鬥爭的失敗者在尋找撤退的底線的時候，往往發現：其實生命才是每個政治人物最基本的需求。遺憾的是，在殘酷的政治鬥爭中，它不幸成為奢求。

　　逼宮的賈詡許諾：「魏王必不負陛下。陛下快快下詔書，以安定人心。」

　　劉協只好讓陳群起草禪讓詔書，讓華歆捧著詔書和玉璽，引導百官到魏王宮前，請曹丕即位。曹丕大喜，但堅決推辭，要求劉協禪讓給「真正的大賢人」。在華歆的導演下，劉協又下了一道詔書，再次恭敬地請曹丕登基。曹丕更加高興了，但還是對賈詡說，擔心「不免篡竊之名」。 賈詡馬上獻計說，讓劉協築一壇，名受禪壇；擇吉日良辰，集結大小公卿；讓當今天子親自在壇上獻上璽綬，禪讓天下。

於是，劉協啟動了漢王朝的最後一項國家工程，派遣太常院官在繁陽卜地，築起三層高壇，選擇吉日舉行禪讓大典。（河南許昌臨潁縣繁城鎮還保留著這座中國僅存的受禪臺。臺高二十公尺，長寬約三十公尺。）十月庚午日寅時，東漢王朝的禪讓儀式正式舉行。

禪讓原本是傳說中推選部落首領的制度。這種只保留在典籍中的神祕制度已經距離曹丕時代兩千年之遠了。如何「復活」禪讓制度和儀式是對曹丕君臣的巨大考驗。曹丕和魏國的大臣們以高度的「智慧」，將傳說中的「禪讓」概念賦予實踐，為後世樹立了「典範」。

曹魏君臣「復活」的受禪大典的盛況，裴松之引《獻帝傳》注云：「魏王登壇受禪，公卿、列侯、諸將、匈奴單于、四夷朝者數萬人陪位，燎祭天地、五嶽、四瀆。」（曹丕登上受禪臺接受漢獻帝的帝位，三公九卿、侯爵貴族、各軍將領和前來朝賀的匈奴單于、周邊少數民族來賓好幾萬人見證了這一儀式。）整個儀式要燃起巨火，祭告天地、五嶽和四瀆。許昌受禪臺前現存的兩塊石碑──〈受禪表〉碑和〈公卿將軍上尊號奏〉碑在風雨飄搖後面目模糊，依然忠實地向後人透露當時的盛況。〈公卿將軍上尊號奏〉內容為四十六位文武大臣呈上給漢獻帝劉協的摺子，奏請曹丕當皇帝的理由。其實是寫給曹丕的效忠信，就是演義中的「勸進書」。〈受禪表〉是曹丕受禪稱帝之後，表白自己不願當皇帝，可是天、地、人都讓他當，再三辭讓而不得，才登上皇帝寶座的「苦衷」與「救民濟世」的心態。這兩塊碑文由漢末名士王朗文，梁鵠書；楷書創始者鍾繇鐫字，被後世稱為「三絕碑」，即文表絕、書法絕、鐫刻絕。鍾繇和梁鵠是當時的重臣和著名書法家。王朗為大學問家，對禪讓一事最為積極，魏文帝時由御史大夫遷為司空。民間傳說他積極逼殺獻帝皇后，催逼玉璽。

驚恐、悲涼、無助的劉協，為了保全性命，無奈只得把祖宗的江山禪讓給曹氏。不知道他跪在地上，以什麼樣的心情聽著昔日的大臣宣讀如下公告：

　　「皇帝臣丕敢用玄牡昭告於上皇后帝：漢歷世二十有四，踐年四百二十有六，四海困窮，三綱不立，五緯錯行，靈祥並見，推術數者，盧之古道，咸以為天之歷數，運終茲世，凡諸嘉祥民神之意，比昭有漢數終之極，魏家受命之符。漢主以神器宜授於臣，憲章有虞，致位於丕。丕震畏天命，雖休勿休。群公庶尹六事之人，外及將士，洎於蠻夷君長，僉曰：『天命不可以辭拒，神器不可以久曠，群臣不可以無主，萬幾不可以無統。』丕祗承皇象，敢不欽承。卜之守龜，兆有大橫，筮之三易，兆有革兆，謹擇元日，與群寮登壇受帝璽綬，告類於爾大神；唯爾有神，尚饗永吉，兆民之望，祚於有魏世享。」

　　曹丕的這篇布告，主要意思是魏代漢立是上承天意，下順民心的事，曹丕即位是眾望所歸。這篇布告為之後受禪臺上的表演奠定了基調。

　　曹丕改延康元年為黃初元年，將劉協封在河內郡山陽，為山陽公，邑萬戶。劉協可以用天子之禮郊祭，上書不稱臣；劉協的四子降為列侯；更換周邊各族印璽，為魏國百官更名。總之是皆大歡喜。

　　禪讓儀式上有兩件小事值得一書。一是《魏氏春秋》上說，曹丕在壇上行禮完畢的時候，曾經對周圍的功臣說：「舜、禹之事，吾知之矣。」後人對這句話多有評論，大抵都是認為曹丕自我感覺過於良好。魏國事實上的建立者應該是曹操。但是曹操滿足於「治世之能臣，亂世之奸臣」的自我定位，不願意登基。曹操如果說這句話，方才是名正言順的。

　　第二件事是《三國演義》描寫的怪事。傳說在儀式上的時候，百官

請曹丕答謝天地。曹丕剛下拜，忽然壇前捲起一陣怪風，飛沙走石，急如驟雨，對面不見身影；壇上的火燭都被吹滅。曹丕驚倒在壇上，被百官急救下壇，半晌才醒過來。這陣奇怪的風和隨即而來的疾病讓曹丕在宮中休養了多時。病情老不見痊癒，曹丕就懷疑許昌宮殿內外有妖怪，決定從許昌遷都洛陽，大建宮室。

曹丕受禪後，非常客氣地對劉協說：「天下之珍，吾與山陽共之。」意思就是說，天下的珍寶財富，我都和你山陽公（劉協禪讓後的封號）共享。那麼劉協是不是真的共享到了所謂的「天下之珍」呢？不得而知。漢獻帝劉協遜位後，雖然只是公爵，名義上位在諸侯王之上。劉協在封地內行漢正朔，一直到五十四歲才自然死亡。曹丕以天子禮儀把劉協下葬，賜名其陵寢為「禪陵」。山陽國由劉協的子孫繼承，從建國至滅亡共傳國八十九年。文人色彩濃厚的曹丕還算客氣仁慈。

三

曹魏以禪讓形式建國，惡化了魏晉南北朝的政治風氣，影響惡劣。

曹丕及其黨羽假惺惺的動作，都是粉飾和權謀而已。在禪讓過程中，實力永遠是第一位的。劉協是非讓位不可，可是曹丕又不想背上篡位的名聲，就選擇了遠古傳說中的禪讓制度來當遮羞布。「自曹魏以迄於宋，皆名為禪而篡者也。」包裹禪讓的道德面紗徹底地被篡位者剝去，禪讓成為赤裸裸的篡位工具。野心家們發現了禪讓的「優點」，之後的禪讓基本是仿照漢魏故事進行的。

魏晉南北朝期間，禪讓逐漸成為一種政治遊戲，規則被固定化、現實化、公開化，失去了之前的神聖和嚴肅。南北朝時期的禪讓在險惡的政治黑幕中將人性陰暗的一面淋漓盡致地展示出來。內憂外患不斷的形勢將權臣和軍事強人推上了政治舞臺，而不爭氣的末代皇帝們又令那些野心勃勃的權臣有機可乘。一模一樣的重複，無休無止的陰謀和殺戮讓人厭倦：曹魏末代皇帝曹奐禪讓給了晉武帝司馬炎，晉代魏；東晉恭帝司馬德文禪位給南朝宋武帝劉裕，宋代晉；南朝宋順帝劉準禪位給南朝齊高帝蕭道成，齊代宋；南朝齊和帝蕭寶融禪位給南朝梁武帝蕭衍，梁代齊；南朝梁敬帝蕭方智禪位給南朝陳武帝陳霸先，陳代梁；東魏孝靜帝元善見禪位給北齊文宣帝高洋，北齊代東魏；西魏恭帝元廓禪位給北周孝閔帝宇文覺，北周代西魏；北周靜帝宇文衍禪位給隋朝文帝楊堅，隋朝代北周。

　　儘管禪讓使得這些黑幕半遮半掩，但天下對這些遊戲規則和把戲一目了然。遼人有首〈伎者歌〉唱道：「百尺竿頭望九州，前人田土後人收。後人收得休歡喜，還有收人在後頭。」可以作為魏晉南北朝禪讓制度的最好註解。

　　更惡劣的影響是，禪讓制度沉重打壓了政治道德，讓現實政治大行其道。當一個王朝是透過不道德的禪讓形式建立的，它的合法性就值得懷疑了。之前的秦朝是透過王朝戰爭統一的，漢朝是劉邦提三尺劍千辛萬苦打下來的。而魏晉南北朝的政權則是從一個陰謀走向另一個陰謀，虛偽而無恥地建立的，如何令人信服？王朝的開國元勛們不是靠赫赫戰功或者傑出能力獲取地位，而是一個個陰謀家、表演家和投機者。這個王朝的政治風氣又能好到什麼地方去呢？整個魏晉南北朝，謀殺和弒君、骨肉相殘、淫穢與亂倫、背信棄義等行為層出不窮，不能說與王朝建立之初的禪讓制度沒有關係。

　　東漢末期，政壇上還殘留著些許道德，儒家經典還為人信服，建立在品德和修行基礎上的徵辟制度還部分發揮作用。曹魏王朝從曹操奠基開始就很務實，崇尚實務而拋棄虛名，那是應付殘酷亂世的需求；曹丕建國前後，沒有恢復道德政治，變本加厲地在現實政治的道路上狂奔。他重用了一批現實主義政客，又開創了不公平的九品中正制，還發揮了禪讓制度的虛偽和無恥特性。曹丕帶頭做了一個壞榜樣，要對整個魏晉南北朝的惡劣政治風氣承擔責任。

曹植與「洛神」的相會

一

　　曹丕的江山是父親曹操費盡心計打下來的，但皇帝的寶座則是他費盡心計、花了老大力氣才從弟弟曹植手裡奪來的。

　　曹操的長子曹昂早年戰死疆場，他和第二任妻子卞氏生有四個兒子：曹丕、曹彰、曹植、曹熊。曹彰只有匹夫之勇，曹熊常年生病，只剩下曹丕和曹植兩兄弟爭奪繼承人之位。

　　曹操一開始屬意小兒子曹植。曹植不僅一表人才，還文采飛揚。建安十五年（西元二一〇年），曹操在鄴城修建的銅雀臺落成。他召集了天下文士登臺為賦，在這場文壇巔峰對決中，曹植提筆一揮而就，最先完成了〈登臺賦〉。全文洋洋灑灑、氣勢磅礡，不僅曹操看後讚賞不止，在場文人也都輸得心服口服。當時曹植只有十九歲。曹操本人文學氣質就非常突出，曹植因此加分不少。曹操認為曹植在諸子中「最可定大事」，幾次想要立他為接班人。

　　曹植的聰慧是從小出了名的，十歲就能誦讀詩文辭賦數十萬言，出口成章。但他的缺點就是太聰明了，反而自以為聰明。過於濃厚的文人氣質反過來害了他。曹植沉溺在文學的天地中，嚮往無拘無束的生活，頭腦未免簡單，對人對事缺乏心計。曹丕知道比文才比能力，自己都不是弟弟的對手，所以就想方設法要讓曹植在父親面前留下壞印象。曹操要出征了，兄弟倆去送行。曹植鴻篇大論，在父親面前指點江山；曹丕則痛哭流涕，裝出捨不得父親出征冒險的樣子。曹操很自然認為曹植才情有餘人情不足，覺得曹丕這個孩子忠厚孝順。

曹丕和曹植各拉攏了一批人明爭暗鬥。曹丕經常在家中召集同黨商議方法，用大筐子把同黨帶到家來，避免給別人結黨營私的印象。曹植一派知道後，就興沖沖地告訴了曹操。曹操查起來，卻發現曹丕家門口進出的大筐子裡裝的不是食物就是日用品。曹植又輸了一回。

　　爭鬥越久，曹植身上的缺點就越扯後腿。一次，曹操已經任命曹植為負責人率軍出征了。這是很重要的榮譽，也是對曹植能力的考驗。結果在出征的歡送儀式上，曹操和文武百官左等右等，就是不見曹植的身影。原來曹植竟然在節骨眼上，喝得酩酊大醉。結果軍隊出征不了，曹植這個負責人也被廢掉了。還有一件事情，曹操是白手起家的梟雄，節儉成性，最見不慣別人，尤其是家人穿戴奢侈。曹植卻不以為意，吃穿用度都率性而為。曹植一生娶過兩位妻子，第一位妻子崔氏系出名門（她是名士、尚書崔琰的妹妹），穿戴求新求好。一次，崔氏「衣繡違制」（猜想是穿了描龍繡鳳的衣服），招搖過市。曹操看到後，勒令兒媳婦崔氏回家自盡。崔氏的死，表明曹操對曹植的不滿與日俱增。

　　最後，曹操對於把權力地位傳給哪個兒子還是下不了決心。到底是給輕浮不懂事的曹植呢？還是給忠厚孝順的曹丕呢？他問老臣賈詡。賈詡沉思了良久。其實他早就暗中被曹丕收買了，正在思索怎麼讓曹操下定決心捨曹植而用曹丕。曹操等不及了，問賈詡怎麼遲遲不回答。賈詡這才說：「我在想劉表和袁紹的事情。」劉表和袁紹兩人都「廢長立幼」，不把權力傳給長子而給了小兒子，結果導致身後內訌不止，勢力灰飛煙滅。曹操聽了，默然不語，才下定決心選曹丕為繼承人。

　　繼承人之爭，曹丕勝曹植敗。政治上的勝負，絕對是零和賽局，勝者全得，輸家不僅一無所獲，從此之後還要受勝家的欺壓凌辱。曹操活著的時候，曹植是高貴的王子，優遊宴樂。等到曹操死了曹丕登基稱

帝，曹植的噩夢開始了！

　　曹丕這個人心眼很小，上臺後就開始對看不慣的人反攻清算。張繡在投降曹操之前曾殺死過曹丕的哥哥曹昂。曹丕這才成為曹操的長子。說起來，曹丕還要感謝張繡為其創造了「上位」的機會。現在曹丕上臺了，就把張繡逼死了。于禁戰敗後曾經投降過關羽。曹丕覺得很丟臉，就派于禁去為曹操守陵。他事先在陵墓裡畫上于禁卑躬屈膝向關羽求饒的壁畫。于禁一大把年紀了，看到壁畫後，羞愧難當，氣血上湧，死了。對親人，曹丕整起來照樣心狠手辣。叔叔曹洪是個小氣鬼。曹丕登基前向曹洪借錢，遭到了拒絕。現在曹丕就處處和曹洪為難，動不動就訓斥罰款。曹洪受不了，央求嫂子、曹丕的生母卞太后在曹丕面前求情。曹丕這才放過曹洪。

　　曹彰是曹丕同父同母的親弟弟，在皇位爭奪戰中支持曹植反對曹丕，曹丕登基後又領兵在外。曹丕必欲除之而後快。他召曹彰回朝，在給他吃的餅裡下了毒。曹彰中毒後，沒有人過來救治。卞太后發現後，慌忙親自找水來救兒子，卻發現宮中所有的瓦罐都被打碎了，最後她光著腳提桶子去井裡打水。可惜還是晚了，一代勇將曹彰不治身亡。

　　對曹植這個之前的頭號對手，曹丕整起來簡直是六親不認、心狠手辣。

　　曹丕先在制度上建立起了一整套嚴格限制皇室成員，尤其是成年諸侯王的規定。曹魏可能是中國歷史上對宗室成員限制最苛刻的朝代。曹丕藉口皇權鞏固，大行限制宗室子弟之實。曹植是皇室至親，卻過著如同囚犯的生活。他貴為藩王，卻沒有行政權力，只能擁有上百名老弱病殘組成的衛隊。這支衛隊常年不變，沒有補充，到最後只剩下五六十名老弱殘兵。曹植不能和朝廷官員交往，沒有得到允許不能和親戚聯繫、不能隨便來首都朝覲。他能做的就是帶著這支可憐的衛隊，在方圓三十

里範圍內「遊獵」。藩王所在地區，曹丕都派了官員（所謂的「監國謁者」）監視藩王的一舉一動。這些官員隨時可以告狀，還可以當面「批評」藩王。曹植就被監國謁者參奏過「醉酒悖慢，脅持使者」的罪名。即便這樣，為了防止藩王在某個地方固定下來，朝廷頻繁徙封諸王，過幾年就換一批封號。比如曹植就擔任過多個王位，因為死的時候是陳王而被人習慣地稱為「陳王曹植」。

順便說一下，曹魏苛禁諸侯的政策雖然在表面限制了宗室諸王的勢力，鞏固了皇帝本人的統治，但從長遠影響來看，它嚴重危害了曹魏的統治。因為皇權絕對排斥了同宗的勢力，也就堵住了同宗子弟出力襄助的途徑，當皇權面臨權臣或其他野心家的覬覦時，皇帝只能孤身作戰，得不到宗室力量的幫助。苛禁諸侯的政策來源於曹操父子對東漢末年皇權旁落教訓的警惕，它的消極影響日後又被西晉皇室當作歷史教訓吸收。

在種種限制之下，曹植的生活很窘迫。吃的是封地的土特產，手頭老是很拮据，想做的事情不能做，「謹小慎微」成了生活的關鍵詞。

曹植的渾身才能和滿腔建功立業的抱負難以伸展。他一再向朝廷，也就是向哥哥曹丕上書，要求授予自己實際職務，哪怕是讓自己去前線衝鋒陷陣也願意。奏章遞上去後，不是得到讓他安心當藩王的回覆，就是石沉大海。

石沉大海並非因為曹丕忘記了這個弟弟。他記著曹植，沒有放過任何迫害的機會。

曹丕曾和曹植同輦出遊，恰好遇到兩頭牛在牆角撕鬥。一頭牛打輸了，墜井而死。曹丕當即命令曹植為死牛賦詩，要求詩中不許出現「牛」字、「井」字，也不能說相鬥的事情，更不能說牛的「死」字，但是必須把整件事情說清楚。還有一個要求是，曹植必須在走馬百步之內，寫成四十言的長詩。如果走完了一百步寫不出來的話，曹植就要被斬首。結果

呢，曹植策馬而馳，在馬上就攬筆寫道：「兩肉齊道行，頭上戴橫骨。行至凶土頭，崢起相唐突。二敵不俱剛，一肉臥土窟。非是力不如，盛意不得洩。」全詩沒有出現一個「牛」字、「井」字或者「死」字，卻把鬥牛的場面描寫得清清楚楚。寫完了，曹植還沒有走完一百步。他就又寫了一首三十言自憫詩：「煮豆持作羹，漉豉取作汁。萁在釜下燃，豆向釜中泣。本自同根生，相煎何太急。」最後一句，很快流傳開來，成為千古名句。

不知道是曹丕實在找不到殺戮曹植的理由，還是被「本是同根生」的親情所感染，最終沒有殺戮曹植。所以，曹植繼續過著窘迫、鬱悶的生活。黃初六年（二二五年），曹丕躊躇滿志地想要征討東吳，結果到長江邊一看到東吳戒備森嚴、長江江水激流，立刻打了退堂鼓。撤軍的途中，曹丕經過了曹植的封地，「御駕親臨」曹植的住所，看到曹植居住的環境實在是太差，生活水準也不高，這才下令增加了曹植五百戶封邑。為此，曹植專門上表「謝恩」。

有人說，曹丕是在生命的最後時刻，良心發現，覺得應該對弟弟好點了。因為在第二年（黃初七年），曹丕就駕崩了。曹植比皇帝哥哥多活了六年，在太和六年（二三二年）死去。

二

黃初三年（二二二年），鄄城王（封地在今山東濮縣）曹植在京師洛陽朝覲完畢，返回封地。過洛河的時候，曹植寫了一篇〈感鄄賦〉。在文中，曹植自述是在朦朧之中遇到了洛河水神「宓妃」，宓妃「體迅飛鳧，

飄忽若神，凌波微步，羅襪生塵……轉盼流精，光潤玉顏，含辭未吐，氣若幽蘭，華容婀娜，令我忘餐。」遺憾的是，他倆人神殊途，最後只能擦肩而過。曹植繼續踏上返程，宓妃繼續在洛河為神。

在序言中，曹植寫道：「黃初三年，余朝京師，還濟洛川。古人有言，斯水之神，名曰宓妃。感宋玉對楚王說神女之事，遂作斯賦。」儘管曹植說自己是從洛河水神「宓妃」身上得到靈感寫的文章。但是人們還是把她和曹植的嫂子、曹丕的妻子甄宓連繫起來，演繹出兩人的「情感往事」來。

甄宓的命運和曹植有些相似 —— 難怪人們要把他們倆連繫在一起。

她不僅從小和曹植一樣文采出眾，而且美若天仙、品格高尚。甄宓名聲遠播，漢末人稱「江南有二喬，河北甄氏俏」。河北大軍閥袁紹聽到甄宓的名聲，就聘娶甄宓嫁給自己的次子袁熙。後來曹操戰勝了袁紹。二〇四年，曹操父子率兵攻下袁紹大本營鄴城。城破之時，曹丕一馬當先，提劍衝殺進袁府，一眼看到甄宓就喜歡上了。於是，二十三歲的甄宓成了十八歲的曹丕的妻子。

曹丕和甄宓結婚後，一起生活在鄴城，度過了幾年恩愛幸福的時光。甄宓將曹丕的家事處理得井然有序，還多次勸曹丕廣納姬妾。曹丕對大度賢良的甄宓越來越喜歡。甄宓和婆婆卞夫人的關係處理得也很好，常常噓寒問暖。卞夫人高調誇獎甄宓是孝順媳婦。期間，甄宓為曹丕生下了長子曹叡和長女東鄉公主。然而曹家權勢越強大，曹丕就越忙，長期不在鄴城。曹丕在政治地位上不斷上升，甄宓在曹丕心中的地位卻在下降。

曹丕個性非常進取，不懂得留戀。甄宓又聽任丈夫納妾，導致曹丕身邊美女如雲。當皇帝後，曹丕身邊的女子就更多了。漢獻帝退位後被

降封為山陽公，還把自己兩個女兒獻給曹丕。甄宓犯了一個致命錯誤，就是沒有搬到首都洛陽去和曹丕在一起，而是堅持住在河北鄴城。甄宓和曹丕分離的時間越長，留在丈夫心中的魅力就越淡。夫妻感情開始疏遠。她漸漸失寵就在情理之中了。說不定美女當中還有嫉妒甄宓的正宮地位，挑撥離間，中傷甄宓的。甄宓連辯駁的機會都沒有。

　　甄宓失寵的明顯證明就是曹丕稱帝後遲遲不立正妻甄宓為皇后。甄宓僅被封為「夫人」。甄宓心裡開始不舒服，又從不舒服轉變為埋怨。她深感自己處境惡劣，又埋怨丈夫無情，寫下了〈塘上行〉寄給曹丕。在文中，甄宓自述身陷「邊地多悲風，樹木何翛翛」的惡劣環境中，過著「獨愁常苦悲」、「夜夜不能寐」的悲慘生活。甄宓直指自己遭到了曹丕身邊女人的中傷陷害，和丈夫生生別離。苦悶哀愁的日子，甄宓過不下去了，無可奈何之餘寄情絲於筆墨，希望能夠喚起曹丕對夫妻間的美好時刻的回憶，從而改善自己的境遇。誰能想到，曹丕讀完後，產生了截然不同的想法。他沒有讀到愛，沒有讀到舊情，讀到的是愁苦，是哀怨。這些愁苦和哀怨的矛頭都對準曹丕。曹丕原本就對甄宓不滿，如今爆發了出來。他勃然大怒，失去理智，派使者前往鄴城逼甄宓服下毒酒自殺。甄宓冤死後，被人披散頭髮遮住臉龐，口中還被塞滿米糠下葬。這是黃初二年（二二一年），也就是曹丕登基當皇帝第二年的事情。

　　現在，曹植寫了〈感鄄賦〉，「鄄」和「甄」兩字相通，「宓妃」又很容易令人想到甄宓。再看文章內容，曹植和洛神的遭遇多像現實中曹植和甄宓的境遇：美麗的人兒不能率性而為，只能被迫接受外界設定的人生軌道。後人難免浮想聯翩，在曹植和甄宓之間搭建種種感情線索，試圖證明他倆之間有感情瓜葛。南朝的顧愷之充分發揮想像力，從文章出

發創作了千古名畫〈洛神賦圖〉。畫中，曹植恍然若失地看著在河上凌波微步的洛神。兩人郎才女貌，近在咫尺卻不能牽手，只能以目傳情。甄宓因為曹植的〈感甄賦〉而被後人普遍視為「洛神」。

傳言越來越多，編織出了曹植和甄宓的感情經歷。很多人相信曹植也在二○四年攻陷鄴城的戰役中，看到了甄宓。曹植和甄宓一見鍾情，兩情相悅。無奈哥哥曹丕搶在了前面提親，甄宓成了曹植的嫂子。可是兩人情絲未斷，引起了曹丕的不滿。感情矛盾加上政治鬥爭，曹丕和曹植就成了死對頭。這也可以解釋曹丕為什麼絲毫不念夫妻之情，登基第二年就賜死甄宓；絲毫不念手足之情，對曹植百般刁難。

然而，我們仔細思考一下曹植和甄宓的這段「緋聞」，會發現裡面有許多「不可能」之處。首先，曹植和甄宓年紀相差十歲。曹丕迎娶甄宓的時候，甄宓二十三歲，曹植才十三歲。一個十三歲的小孩子怎麼就早熟開始戀愛經歷了呢？而一個二十三歲的女子怎麼就對十三歲的小孩子產生愛慕之心了呢？其次，這段感情涉及亂倫。弟弟和嫂子偷情是中國人非常忌諱的家醜，更何況是在帝王之家。就算甄宓和曹植兩人能拋棄世俗觀念和內心的約束，曹家也不會讓這段感情持續下去，肯定會早早掐斷它。最後，所有認為曹植和甄宓有感情瓜葛的說法都沒有證據。也許〈感甄賦〉就算是最有力的證據了。但是一篇文章是不能說服人的，更何況人們也可以把它解釋為曹植純粹是在描寫自己的幻想或者夢境中的某次神遇。所謂的「感甄」可能就是感嘆自己這個鄄城王不得不接受現實的無奈。

三

在甄宓死了五年之後，她的兒子曹叡登基稱帝，成了魏明帝。

曹叡本來是沒有希望登基的。因為曹丕並不太喜歡這個長子。況且賜死過曹叡的生母甄宓，曹丕不願意立曹叡為太子，想立其他姬妾所生的兒子。無奈，皇后郭氏沒有生育，其他女子生的兒子不是夭折、體弱多病，就是年紀太小，曹叡始終是唯一的繼承人選擇。曹丕就拖著不立太子，對大臣們早立太子的建議充耳不聞。一直拖到黃初七年（二二六年）五月，曹丕的身體垮了，即將死去。臨終前，曹丕才在病榻上倉促冊立曹叡為太子。

曹叡登基後，在對待生母甄宓的問題上立即開始「撥亂反正」。首先是即位不久，甄宓就被追封為「文昭皇后」，並立寢廟祭祀。其次是「帝思念舅氏不已」，對甄家子弟大加封賞。甄宓的幾個哥哥除了早死的，都封侯拜將了。

在處理曹植問題上，曹叡對這個三叔的文才非常讚賞，甚至稱得上崇拜。但同時他又覺得父親曹丕嚴格限制諸侯王的政策很對，很合自己的胃口，所以繼續執行。結果，姪子兼崇拜者曹叡的上臺並沒有改善曹植的生存環境。曹植依然生活在頻繁遷徙、窘迫和受監視的環境中。曹植曾經樂觀地認為姪子上臺後，可能會讓自己承擔部分實職，結果大失所望。曹叡對曹植的防範絲毫不比父親時期寬鬆。太和六年（二三二年），曹植逝世。曹魏王朝給他的諡號是「思」，曹植因此被稱為「陳思王」。

曹植在晚年，意識到了王朝苛禁諸侯政策的弊端，向曹叡遞交了〈陳審舉表〉。明確指出曹魏王朝潛伏著危機：「苟吉專其位，凶離其患者，異姓之臣也。欲國之安，祈家之貴，存共其榮，沒同其患者，公族之臣也。今反公族疏而異姓親，臣竊惑焉。」朝廷某些大臣權勢的上升必然威脅皇權（可能是曹植有感於司馬懿勢力的擴大和劉放、孫資等人專斷中樞）。遺憾的是，曹叡對曹植的警醒並未在意。曹叡很喜歡叔叔的〈感鄄賦〉，不過他也聽到了外面不好的「桃色」傳聞，覺得這篇文章對自己的生母名譽不利。文章的名稱取得不好，〈感鄄賦〉很容易讓人連繫到「懷念甄妃」，因此曹叡上臺不久就以避母諱的名字為由，下令將〈感鄄賦〉改為〈洛神賦〉。

如今，我們看到〈洛神賦〉總是會聯想到甄宓，想到她和小叔子曹植兩人的不幸命運。

司馬懿：一個權臣的崛起

一

魏武帝曹操用人注重真才實學，看重一個人的能力和成績，而不是東漢流行的品德、門第和聲望。他多次求才若渴，釋出任人唯賢的命令，廣招天下名士。所以在曹魏王朝建立過程中聚集了許多真才賢士，曹操基本上都能做到人盡其用。但對一個人，曹操一直看不準，不敢放手任用。這個人就是司馬懿。

司馬懿字仲達，河內郡溫縣（今河南焦作市溫縣）人，出身世家門第，是東漢末年的京兆尹司馬防的次子。

曹操和司馬防有過交往，知道司馬懿是個不錯的後生；後來司馬懿的大哥司馬朗在曹操屬下為官，工作認真負責，作風清廉自率，給曹操留下了很好的印象。但當時社會普遍認為，司馬懿比哥哥更出色。東漢末年最知名的評論家崔琰就曾當面對司馬朗說：「君弟聰亮明允，剛斷英特，非子所及也。」史書也誇獎司馬懿「少有奇節，聰明多大略，博學洽聞」。這樣的人才，曹操當然要去招攬了。建安六年（二〇一年），他以司空的名義，派人請司馬懿到府中任職。

司馬懿不願意去當曹操的幕僚。當時天下大亂，鹿死誰手尚不可知，司馬懿還很年輕（才二十二歲），不想早早地和曹操連結在一起。他還要待價而沽，於是決定婉拒。因此當曹操派的人到達後，司馬懿假裝風癱在床，生活不能自理。來人回去匯報，精明的曹操不信，派人在夜裡偷偷去偵察。不想，司馬懿料到了曹操的這一手，還躺在床上裝風癱呢！曹操這才相信了，放過了司馬懿。

可見，司馬懿和曹操都是精明狡猾之人。司馬懿年紀雖輕，卻有過之而無不及。更重要的是，他身上沒有救國濟民、匡扶天下的政治道德印記，完全是赤裸裸的個人得失的考慮。

建安十三年（二○八年），當了丞相的曹操再次徵聘司馬懿為下屬。他已經知道上次被司馬懿騙了，所以對使者說：「如果司馬懿耍花招不來，就綁他過來。」這一回，司馬懿乖乖地來了。一方面是害怕曹操來硬的，更主要的是時局已經很明朗，曹操勝利在望。司馬懿覺得曹魏勢力是不錯的投靠對象。

司馬懿加入曹魏勢力時間不長，年紀又輕，加上曹操內心總有一絲不快，司馬懿在曹魏最初的十年並不如意。司馬懿歷任黃門侍郎、議郎等專為年輕人準備的小官，沒有具體工作，主要就是和曹操的兒子曹丕往來遊處。不過司馬懿有個優點，那就是選定了什麼事情就認真負責，既然投入了曹魏陣營就勤勤懇懇工作，為人小心謹慎。慢慢地，曹操把他提拔為丞相屬官，留在身邊出謀劃策。史書上記載了司馬懿為曹操出的三次主意。第一次是曹操占領了西北和漢中地區後，司馬懿建議曹操乘勝進攻四川，消滅剛剛占領四川的劉備。曹操沒有採納，委婉地批評司馬懿的建議不切實際，是「得隴望蜀」（此成語典出於此）。第二次是孫權上表慫恿曹操自立為帝，司馬懿在一旁附和。結果曹操是斷然拒絕。前兩次建議曹操沒採納，司馬懿的第三次建議則被曹操採納了。關羽北伐大敗曹軍，威脅到當時的都城許昌。曹操為避關羽鋒芒，準備遷都河北。司馬懿和蔣濟兩人及時勸阻。他認為關羽的後方不穩，孫權和劉備兩派外親內疏，遲早會內訌，所以曹魏一方只要守住前線就能拖死關羽。後來事態發展，果然如司馬懿所言。

也許是司馬懿這個後輩太過現實，雖然司馬懿能力不錯，但曹操始終不喜歡他。（也有說法是曹操打擊世家豪族，恰好司馬懿是中原著名世家子弟，曹操不肯用他。）據說，司馬懿的長相很怪，具有「狼顧」的本領，也就是能把腦袋轉九十度角，用眼睛的餘光看到背後的東西。在相術上，這是一個人野心勃勃的表現。曹操相信相術，所以終生沒有提拔重用司馬懿。一天晚上，晚年的曹操做了一個夢。在夢裡，三匹馬在一個槽裡吃草。「三馬食槽」的夢境讓曹操很自然地和司馬懿的「狼顧」本領連繫在了一起，擔心司馬懿日後對曹家王朝不利。曹操不僅只是讓司馬懿擔任一些清閒的虛職，還告誡兒子曹丕要提防著司馬懿。

但是曹操的兒子曹丕和司馬懿卻很合得來。儘管有父親的多次提醒，曹丕還是將司馬懿作為親信屬官，交往甚密。曹操一死，司馬懿的機會就來了。曹丕非常放心地讓司馬懿參與操辦喪事。司馬懿把曹操的喪事辦得井然有序，內外肅然。不知道曹操地下有知，作何感想？

二

曹丕提拔司馬懿擔任丞相長史。在這個相當於曹丕祕書長的職位上，司馬懿為曹丕篡漢建立魏朝出了大力。登基後，曹丕知恩圖報，司馬懿在曹魏王朝中的地位扶搖直上，短短五年間先是擔任尚書、封侯，不久升為御史中丞，再升侍中、尚書右僕射，最後當到了撫軍大將軍、假節、加給事中、錄尚書事，負責曹丕的政務中樞。曹丕兩次伐吳，都留司馬懿鎮守許昌。

黃初七年（二二六年）五月，曹丕駕崩，享年四十歲。司馬懿和曹真、陳群、曹休同受託孤的顧命。這四人的名次是：曹真第一，陳群第二，曹休第三，司馬懿第四。前三人的資歷和聲望都比司馬懿高。雖然排名最末，但司馬懿能在七年內從一個閒職晉升到與曹氏皇族並列曹魏王朝的權力核心，可謂是個奇蹟。這主要靠魏文帝曹丕對司馬懿的特別賞識和恩寵。

　　曹丕死後，司馬懿大紅大紫的日子暫停了好長一段時間。魏明帝曹叡即位後，曹真因為主持對蜀作戰，升遷為大司馬，獲得了「劍履上殿，入朝不趨」的待遇，達到了臣子能夠達到的最高權位。而司馬懿的境遇就要「坎坷」一點了。

　　《三國演義》說曹叡即位初期中了蜀漢諸葛亮的反間計，一度罷免了司馬懿。司馬懿只好帶著兩個兒子司馬師和司馬昭在宛（今河南南陽）閒住。正史則記載太和元年（二二七年）六月，魏明帝曹叡命司馬懿駐紮在宛，都督荊、豫二州的軍事，雖然比演義的說法要好很多，但司馬懿還是變相離開了權力中心。說到底，還是司馬懿的權力缺乏扎實的基礎。全靠君主恩寵得來的權力是脆弱的，一旦君主易位，原先的權勢便可能煙消雲散。實實在在的政績或者私人派系才是最強大的權力來源。

　　新皇帝曹叡顯然不像父皇那樣器重司馬懿，而是很厚道地讓司馬懿到外地領兵去了。

　　司馬懿的過人之處就在於「做一行愛一行」，把現實的思想和超人的才智用在了做好工作上。當太子賓客的時候，司馬懿努力和太子曹叡搞好關係；如今鎮守宛地，司馬懿就努力維持地方穩定。很快，立功的機會來了。

　　宛的西邊上庸地區，就是現在的湖北西北部一帶，是由從蜀漢投降過來的孟達鎮守。孟達和司馬懿一樣在曹丕時代飛黃騰達，也同樣在曹叡登基後靠邊站了。他暗中與諸葛亮聯繫，準備倒戈重返蜀漢陣營。準備倒戈時，諸葛亮提醒孟達注意司馬懿，加緊防範。孟達寫信給諸葛亮，認為司馬懿知道消息後要先向洛陽的曹叡匯報，然後再前來討伐，前後反覆，需要大約一個月時間，自己有充分的時間整軍備戰。結果，八天後，司馬懿就兵臨城下討伐孟達來了。原來，司馬懿將在外，君命有所不受，親自率軍日夜兼程前來討伐，大大縮短了時間。孟達驚恐地寫信向諸葛亮求援，驚嘆：「吾舉事，八日而兵至城下，何其神速也！」最終，司馬懿抵擋住了蜀漢和東吳兩方面的援軍，成功攻破上庸地區，「斬孟達，傳首京師，俘獲萬餘人」。

　　這一筆大功，讓司馬懿有了追逐權勢的底子。在看到司馬懿的真才實學後，曹叡更多地將軍事寄託在司馬懿身上。諸葛亮不斷北伐，嚴重威脅隴西和關中地區，是曹魏王朝的心腹大患。太和三年（二二七年），諸葛亮出兵攻占武都、陰平二郡。第二年，曹魏王朝決心對蜀漢還以顏色，以大司馬曹真為主帥，升司馬懿任大將軍、加大都督，為副帥興師伐蜀。太和五年（二二九年），諸葛亮又率兵攻魏。魏明帝曹叡正式授予司馬懿全權：「西方有事，非君莫可付者」，派他駐軍長安，總督西部各軍與蜀軍作戰。至此，司馬懿成為負責對蜀漢作戰的主將。

　　客觀地說，司馬懿和諸葛亮作戰的「成績」並不怎麼好看。他主要是依靠曹魏以逸待勞、兵多糧廣的優勢，和諸葛亮打持久戰，最後總是逼著根底薄弱的諸葛亮糧盡退兵，算得上圓滿完成了朝廷交代的任務。

　　誰負責解決一個王朝最緊迫的問題，誰就可以藉此聚攏勢力。在三足鼎立的三國時代，戰爭是王朝的迫切問題。司馬懿因為長期負責對蜀

漢的戰鬥，而曹魏一半以上的精銳部隊都集中在西部戰線，因此司馬懿家族很容易籠絡了效忠自己的兵力，開始了竊取曹魏王朝實權的程序。

這也是司馬懿能夠超越曹魏王朝的其他謀臣文人，成為竊國大盜的根本原因。曹操父子有許多謀臣，比如荀彧、郭嘉、賈詡、陳群、蔣濟等，但都沒有長期掌握某一方面的兵力，雖然他們的官爵和司馬懿不相上下，可是真實權力都不能和司馬懿相比。因此最後篡國的是司馬家族，而不是其他大臣家族。

三

青龍二年（二三四年）年初，蜀漢丞相諸葛亮率軍十萬攻魏。曹魏大將軍司馬懿率軍在渭水築壘阻擊。這一仗打了大半年都不見分曉，主要原因是司馬懿天天高掛免戰牌，諸葛亮數次挑戰，司馬懿均堅壁不出。

司馬懿部下將領忍受不了無所事事的日子，對蜀漢的日日叫罵挑戰更是義憤填膺，多次集體要求出戰。起初司馬懿或嚴詞駁回，或好言相勸，就是不准出戰。軍營裡的不滿情緒越來越強，戰鬥熱情越來越高昂，司馬懿漸漸有點受不了了。諸葛亮又來火上澆油，派人送來「巾幗婦人之飾」給司馬懿，羞辱司馬懿不是個男人，激他出戰。司馬懿似乎被激怒了，氣憤地向曹叡上表請戰。蜀漢將士聽說了，都很興奮，覺得司馬懿這回總要出來了吧！諸葛亮則說：「彼本無戰心，所以固請者，以示武於其眾耳。將在軍，君命有所不受，苟能制吾，豈千里而請戰邪？」

這只是司馬懿想搬出皇帝來制止將軍出戰的伎倆而已。果然，曹叡不同意司馬懿出戰，還派了以耿直著稱的老臣辛毗杖節來到軍前當監軍，節制司馬懿。辛毗來了以後，司馬懿的火氣頓時大了許多，面對諸葛亮的挑戰，常常和部將們站在一起主張出擊。好幾次，司馬懿都帶兵衝出了營帳，辛毗卻杖節立在營門，以身阻擋司馬懿出兵。曹魏軍中的不滿情緒日漸濃重，不過司馬懿始終沒有出戰，還取得了重大戰果：蜀漢相持不下去，主動退兵了；而迫切尋求決戰的諸葛亮則死在了軍中。

　　諸葛亮死後，魏蜀邊界安靜了下來。司馬懿因為抗蜀大功於青龍三年（二三五年）升任太尉。

　　此時的司馬懿已然是朝廷的第一功臣兼能臣，名聲很大。東漢末年軍閥混戰時，公孫家族據有遼東。這個割據勢力對曹魏政權虛與委蛇，時叛時降，保持著半獨立的地位。公孫淵在曹叡時代公然獨立，與東吳勢力相呼應。司馬懿順便帶得勝之師討伐公孫淵。決戰前，孫權寫信給公孫淵：「司馬公善用兵，變化若神，所向無前，深為弟憂之。」孫權憂慮得一點沒錯，公孫淵哪是司馬懿的對手，幾個回合下來就全軍覆沒，政權滅亡了。

　　就在司馬懿聚斂越來越大的權勢之時，曹叡對司馬懿產生了懷疑，曾經問陳矯：「司馬公忠正，可謂社稷之臣乎？」雖然提問的前提是司馬懿「忠正」，但既然認為他「忠正」，為什麼還要懷疑他是不是「社稷之臣」呢？陳矯的回答非常乾脆：「司馬公在朝廷眾望所歸，對社稷是否有利，臣就不知道了。」正是在這種懷疑下，曹叡景初二年（二三八年）病危的時候，最初確定的顧命大臣群體是以叔叔、燕王曹宇為首，包括領軍將軍夏侯獻、武衛將軍曹爽、屯騎校尉曹肇、驍騎將軍秦朗共同輔政。裡面幾乎清一色的曹氏宗親，而將司馬懿排除在外。其中曹宇與曹

叡雖然是叔姪，但因為年齡相仿，是從小就一起玩大的。可是曹宇只當了四天大將軍，就堅決要求辭職，曹叡的想法也發生了改變，同意曹宇辭職，親手否決了最初的顧命大臣集團。其中的關鍵在於劉放、孫資乘曹叡病危之時，屢屢竄改詔令，迫使燕王等人無所適從。而司馬懿緊急入京搶位置。曹叡最終讓太尉司馬懿與大將軍曹爽一起接受遺詔輔佐少主、年僅八歲的曹芳。

曹芳即位，司馬懿加封侍中、錄尚書事，總督中外諸軍，和曹爽共執朝政。曹爽是曹真的兒子，算是司馬懿的晚輩，加上的確缺乏政治經驗，因此凡事尊重司馬懿的意見，遇到政策難題、邊界戰爭等棘手的事情都推司馬懿出面主持。司馬懿把這些事情處理得都很好，尤其是把來犯的東吳大軍打得屁滾尿流，權勢進一步鞏固。司馬家族陸續有子弟十一人封侯，司馬懿本人食邑萬戶，部屬門生遍布朝野。

這時候，身為皇室的曹爽兄弟看到了危險：內外傾心、掌握實權的司馬懿已經威脅到了曹魏的皇權！（這一點曹植老早就意識到了。）於是就出現了曹爽勢力對司馬懿發動突然襲擊，奪其實權，排擠司馬氏的勢力。從正始八年（二四七年）開始，曹爽兄弟「專擅朝政，兄弟並掌禁兵，多樹親黨」，司馬懿進入了政治冰河期。表面上，司馬懿裝出行將就木的樣子，暗地裡聯繫勢力蓄養死士，伺機反撲。曹氏宗室因為長期被閒置，短期內難以聚攏強大的勢力。正始十年（二四九年），司馬懿終於抓住曹爽兄弟大意的機會，發動了「高平陵政變」。

高平陵政變是曹魏政治的分水嶺，之前曹魏政權掌握在曹魏皇室手中，之後司馬家族開始了謀權篡位的程序。

司馬懿的崛起，有他個人的原因。比如他真的很能幹，能力很強，連公認聰明絕頂的諸葛亮都沒打敗他；他的忍耐力很強，遇到挫折和困

難能夠堅韌耐心地克服，迎來柳暗花明，這從他政壇的三個谷底期中能夠看出來；司馬懿還是一個現實的政治人物，鐵腕執政，甚至有點殘忍。在戰場上屠城，將政敵誅滅滿門，司馬懿都做過。司馬懿一路走過來，絕不像表面那樣曲折雪白，而是踏著成千上萬人的鮮血過來的。比如在如何處理曹爽集團問題上，司馬懿認為「春秋之義，『君親無將，將而必誅』。爽以支屬，世蒙殊寵，親受先帝握手遺詔，託以天下，而包藏禍心，蔑棄顧命，乃與晏、颺及當等謀圖神器，範黨同罪人，皆為大逆不道」，堅持將所有在押人等族誅。結果，曹爽兄弟，黨羽何晏、鄧颺、丁謐、李勝、桓範、張當等人都被夷滅三族。在討平遼東時，司馬懿竟然大開殺戒，將屍體堆積成山號為京觀。總之，司馬懿是個冷酷凶殘的人，西晉王朝胚胎孕育時期便充滿血腥。

司馬懿崛起的外部原因，除了對蜀漢的戰爭便於他獲取牢固的權勢根基外（有人懷疑司馬懿舉全國之力，沒有把兵少將寡的諸葛亮打敗，是在「養寇自肥」），曹魏王朝對宗室的限制也為司馬懿篡權開啟方便之門。曹丕心眼小，對宗室不太放心，防範太過，就更不用說讓他們掌握實權了。這就讓原本可以成為皇室屏障，關鍵時刻捍衛皇室的宗室全體毫無力量。司馬懿掌權後，進一步將宗室都集中在洛陽，暗中軟禁。司馬家族的篡位之心暴露後，忠於曹魏的外姓軍隊只是在揚州等地發起了零星的反抗，很快就被司馬懿父子撲滅了。司馬懿還藉機向涉及的宗室親王大開殺戮，後者卻毫無還手之力。

篡國不是一代人的事情，需要幾代人的努力。沒有得力的兒子，父親的篡國成果可能半途而廢。司馬懿幸運地有兩個好兒子：長子司馬師和次子司馬昭。兄弟倆繼承了父親的精幹堅韌和殘忍，繼續推動曹魏向西晉轉化。西晉建立後，司馬懿被孫子司馬炎追尊為晉宣帝。

王朝命運在高平陵改變

一

　　景初三年（二三九年）魏明帝曹叡去世。年幼的姪子齊王曹芳即位。

　　經過一番權力暗箱操作，司馬懿和曹爽兩人共受遺詔成為輔政大臣。曹叡的意圖是希望在身後形成功臣和皇族共治的局面。司馬懿是三朝老臣，功勳卓著，是功臣集團的代表；曹爽出身曹氏宗族，血統高貴，是皇族勢力的代表。

　　曹爽是個「權二代」，崛起全靠他的父親曹真。曹真是曹操同族子弟。曹真的父親曹邵是最早隨曹操起兵的元老之一，不幸早年陣亡。曹操收養了曹真，和曹丕等人一起教育培養。曹真長大後南征北戰，屢立戰功，開始顯貴。曹丕死時，設計了曹真、陳群、司馬懿「三駕馬車」同受遺詔輔政的權力割據，其中曹真任大將軍，為首輔。曹叡在位時，曹真因為主持對蜀作戰，再升遷為大司馬，賜「劍履上殿，入朝不趨」的待遇。曹真這個人，能力其實一般，除了家世良好這個優勢外，終生小心謹慎，恪守臣子之道，對曹氏祖孫三代忠心耿耿。

　　曹真死後，長子曹爽繼承了父親的爵位，另外五個兒子羲、訓、則、彥、皚皆封為列侯。曹爽可以看作父親曹真的翻版，年少時以「宗室」、「謹重」這兩個特點為人所知。曹叡從小和同輩、同齡的曹爽走得很近，關係親密。曹叡即位後當然要依靠曹爽這樣的同族兄弟兼兒時玩伴了。曹爽頓時平步青雲，寵待有加。平坦的仕途雖然讓曹爽累積了一定的行政經驗，但顯然不能參透政治的實質，領悟政治的技巧。

和司馬懿相比，曹爽非常清楚，無論資歷、功勞、能力還是在朝臣中的威望和根基，自己都不能與同朝輔政的司馬懿相提並論。當年，司馬懿和曹真一起領兵作戰的時候，曹爽還在玩捉迷藏呢！曹爽敬重司馬懿年德並高，用對待父親的禮節禮遇司馬懿。雖然自己爵位在司馬懿之上，但是曹爽凡事不敢專斷，都和司馬懿細心商量。司馬懿對曹爽這個晚輩也很滿意。兩位輔政大臣一開始還相安無事。

　　然而曹爽畢竟是在蜜罐裡長大的貴族公子哥兒，還沒有學會珍惜，不懂真正的謙虛謹慎。沒過多久，曹爽貴族公子的性情就顯露出來了。他不像剛主政時那般勤勉政事了，身邊也逐漸聚集了何晏、丁謐等貴族子弟。這些人雖然能力不濟，但從小就在爭權奪勢的大環境中耳濡目染，勸說曹爽不要將權力與他人分享，要獨斷專行。其中何晏就多次勸說曹爽：「司馬懿有政治野心，而且很得民心，我們怎麼可以對這樣的人推誠委權呢？」說一兩次，曹爽沒有反應；說的人多了，說的次數多了，曹爽就動了「小心思」了。他也想專權，也有皇族的尊貴心。最終，曹爽決定首先對司馬懿發動進攻。

　　曹爽讓二弟曹羲替自己上表，請皇帝轉任司馬懿為太傅。太傅雖然地位崇高，但並不直接指揮部隊，也沒有直接負責的領域，完全是虛職一個。曹爽這一招「明升暗降」，讓根本沒有防備的司馬懿措手不及，只好接受「升遷」，乖乖交出兵權和政權。輔政大臣依然是兩個，曹爽依然對司馬懿保持著禮貌。但所有的政務都不經過司馬懿了。司馬懿乾脆長期稱病，不上朝了。

　　大獲全勝的曹爽立即開始人事大調整。他讓二弟曹羲任中領軍，三弟曹訓為武衛將軍，控制了京城洛陽的軍隊，負責皇宮的警衛；五弟曹彥任散騎常侍，另兩個弟弟曹則和曹皚以列侯身分出入宮禁，控制

曹芳。同時，曹爽還將因「浮華交會」而在曹叡時期遭貶抑的何晏、鄧
颺、丁謐、畢軌等紈褲子弟重新啟用，各任要職，作為心腹。

我們一起來看看曹爽所用的都是些什麼樣的人。何晏是曹爽集團的重
要人物。他本是漢末大將軍何進的孫子。他的母親尹氏，已經嫁入何家，
生下何晏了，還被曹操搶走，做了曹家的夫人。有人懷疑何晏是曹操的私
生子。何晏從小在宮中長大，後來娶了公主，和曹家的關係既密切又尷
尬。平日裡，何晏「動靜粉白不去手，行步顧影」，還公開好色，是扭捏作
態的奶油小生和派頭十足的公子哥兒的混合體。當然，何晏也有好的一面：
對老莊學說很有研究，是盛行於魏晉的「玄學」的早期代表人物。大凡有
點小成就的公子哥兒都好賣弄，何晏就尤其缺乏自知之明，到處炫耀自己
的才學。曹丕特別憎惡他，每次都不呼何晏的姓名，而叫他「假子」，毫不
留情地揭何晏的老底。就這麼一個人，曹爽將朝野的選舉大權交給了他。

集團的另一個重要人物鄧颺，字玄茂，很小就因為與李勝等人浮華虛
誇聞名於京師。鄧颺這個人還貪財好色，在宮中擔任職務的時候暗中許諾
授予臧艾顯要官職。臧艾就將父親的小妾送給了鄧颺當作禮物。京師裡流
傳段子說：「以官易婦鄧玄茂。」鄧颺幾乎都是這麼來推薦提拔官員的。

何晏等人專政後，共同私自分割洛陽、野王典農屯田系統的桑田數
百頃，還將湯沐地等吞為私人產業。按照現在的話來說，就是「私分國
有資產」。他們不僅竊取官物，還公開向地方州郡索取賄賂。相關部門懾
於他們的權威，不敢抗拒。何晏等人與廷尉盧毓素來不和。盧毓的屬下
官吏有小過，被何晏等人抓住把柄，窮究盧毓的責任。何晏在做出結論
之前，迫不及待地派人收取了盧毓的印綬，然後再向朝廷奏聞。對位列
九卿的人何晏都敢猖狂如此，他們作威作福的程度可想而知。

曹爽個人飲食車服，擬於乘輿；尚方珍玩，充牣其家；妻妾盈後庭，

還私取曹叡生前的才人七八人和將吏、師工、鼓吹、良家子女三十三人到自己家伎樂。後來曹爽的膽子越來越大，偽作詔書，發才人五十七人到鄴臺，讓曹叡的婕妤教習為伎；擅取太樂樂器、武庫禁兵供私家使用。這些都是侵犯皇室、大逆不道的罪行，曹爽都肆無忌憚地做了。他還建造窟室，在四周陳列綺疏，多次和何晏等人在其中飲酒作樂。曹羲非常擔心哥哥的行為，多次勸諫曹爽要收斂言行，約束心腹。他多次勸到伏地哭泣不起的地步，曹爽就是不聽。

曹爽執政幾年間最主要的舉動是發起伐蜀之役，想藉機建立軍功。久經戰陣的司馬懿知道軍事並非曹爽所長，且伐蜀時機亦不成熟，勸曹爽不要貿然輕起戰事。立功心切的曹爽被美妙的政治前景迷惑了，執意在正始五年（二四四年）親赴長安，徵發六七萬軍隊進擊蜀國。結果因為後勤供應不上，勞民傷財，民怨沸騰，結果無功而返。

司馬懿將這一切都看在心裡，暗中籌劃。他雖然被剝奪了實權，但影響力依然存在。門生故舊中好多人掌握著軍隊和政權，心向司馬家。司馬懿打敗的政治對手太多了，這一次他也自信一定能取得最後的勝利。司馬懿所缺的就是一個合適的進攻時機。

二

曹爽比一般的紈褲子弟還是要強很多。他對司馬懿並非沒有防範。

荊州人李勝依附曹爽後才平步青雲。一次，李勝由河南尹任上調任荊州刺史。雖然級別沒變，但荊州地處對吳國戰爭的最前線，軍事政

治地位重要，李勝也算是升了半級。曹爽對終日稱病在家的司馬懿不放心，就讓李勝去探探司馬懿的底細。司馬懿曾經鎮守荊州，李勝就以新官赴任、向前輩請教的名義去司馬懿家辭行。

李勝沒料到司馬懿幾年不見，憔悴異常，都離不開下人的攙扶了。李勝很謙虛地向司馬懿陳述了自己功勞淺薄，橫蒙特恩，回到本州擔任主官，特地來向司馬太傅拜辭，請太傅多多指教。司馬懿根本就沒回答，而是慢騰騰地讓兩個婢女侍候穿衣。他顫巍巍地拿起衣服，沒拿住，衣服滑落；他又指指自己的嘴巴，表示口渴要喝水。婢女進了一碗稀粥，司馬懿持杯飲粥。結果像不會喝水吃飯的嬰兒一樣，司馬懿把粥流得到處都是，沾滿前胸。

李勝不禁神情黯然，眼淚在眼眶中打轉。他對司馬懿說：「今主上尚幼，天下還要仰仗太傅。大家都在傳說太傅舊病復發，想不到您的身體差到了這樣的程度！」司馬懿好久才緩過勁來，氣息相屬，用極其微弱的聲音說：「我年老多疾，死在旦夕。使君這次去并州就職，并州和匈奴鄰近，你要好自為之。今日與你想見，恐怕日後不復相見了，令人傷感啊！」李勝連忙說：「太傅，我這次是回本州任官，並非并州。」司馬懿滿臉茫然地問：「噢，原來你剛從并州回來啊，辛苦了！」李勝見司馬懿胡言亂語，只好提高聲音說：「我去荊州，非并州也。」他回頭問在場的司馬懿長子司馬師：「太傅病得這樣了啊？」司馬師痛苦地點點頭。

司馬懿在司馬師和下人的反覆說明下，才恍然醒悟，對李勝說：「我老了，神情恍惚，不解君言。如今你榮歸故鄉擔任刺史，多建立功勛。今日與君一別，我自顧氣力轉微，要與你永別了。」說著，司馬懿悵然淚下，司馬師忙上去幫父親擦去眼淚。司馬懿頓了頓，指指司馬師、司馬昭兄弟，對李勝說：「這是我的兩個兒子，希望與君結為好友，希望你

日後看在我的面子上多多照顧。」說完，司馬懿又流涕哽咽。李勝也唏噓長嘆，回答說：「我一定從命。」最後，李勝以參加追悼會的肅穆神態，與司馬懿父子動情告別。

李勝辭出後馬上跑到曹爽府上，報告說：「司馬太傅語言錯亂，口不離藥，南北不分。最後，他還將兩個兒子託付給我，分別時依依不捨。」說完，李勝感嘆道：「司馬懿的病看來是好不了了。」曹爽也感嘆了一番，但心裡非常高興。司馬懿一死，再也沒有人會對自己構成權力威脅了。曹爽集團再也不把司馬懿放在眼裡。

三

正始十年（二四九年）正月初六，魏帝曹芳按照慣例到高平陵（今河南洛陽東南）祭掃魏明帝曹叡的陵墓。曹爽和弟弟曹羲、曹訓、曹彥都隨駕前往。曹氏一族重要成員幾乎是傾巢而出。

曹爽黨羽、大司農桓範勸阻說：「大將軍兄弟總理萬機，典禁兵，不宜全部外出。如果有人關閉城門發動政變，怎麼辦？」曹爽很不高興地說：「誰敢造反！」他執意率兄弟親信出發前往高平陵。桓範選擇獨自留在洛陽。

在曹爽的人馬傾巢而出的前一天夜裡，司馬懿的小兒子司馬昭徹夜難眠。這天夜裡，父親鄭重告訴他第二天將會有決定司馬家命運的大事件發生，要他抓緊時間休息。司馬昭不知是興奮或是激動或是緊張，在床上輾轉反側。而哥哥司馬師，早已參與了父親的謀畫，一上床就鼾聲如雷。

　　曹爽等人一出城門，「久病」的司馬懿就披掛上陣，帶領兩個兒子跨馬衝出了家門。司馬師在暗中早已準備了三千死士，這時紛紛發難。城中許多官員都是司馬懿的舊同事、舊部下，見狀多數加入司馬家的隊伍，少數採取觀望態度，對動亂無動於衷。司馬父子關閉了洛陽城的各個城門，之後司馬師和司馬昭又帶人占據了武器倉庫及皇宮。控制了洛陽城後，司馬懿命令高柔假節、代理大將軍一職，以王觀代理中領軍，分別奪取了曹爽和曹羲的軍權。曹氏兄弟還在洛陽城中留有許多中下級軍官和數量可觀的軍隊。但軍營群龍無首，接替的又是朝廷三公九卿，這些官兵沒有反抗，很輕易地轉化成了司馬懿家族的軍事力量。

　　一切準備就緒後，司馬懿帶領朝廷重臣入宮，向皇太后郭氏上奏曹爽禍亂宮廷內外的種種劣跡，事事有據可查，椿椿可以置曹爽於死地。這些都是曹爽平日不注意的後果。郭太后無話可說，追認了司馬懿之前叛亂行動的合法性，並授權司馬懿成立一個「專案組」，查處曹爽集團的不臣不法行為。有了郭太后的批准，司馬懿向遠在城外的曹芳上表，將曹爽的罪行一一列舉，並親自帶兵占據了洛水橋頭，迎接曹爽可能的反抗。

　　高平陵的曹爽被司馬懿的突襲打懵了。接到司馬懿給皇帝曹芳的上奏後，曹爽手足無措。司馬懿還未全部控制洛陽時，曹爽府上的司馬魯芝和辛敞就突圍而出去向曹爽報信。曹爽完全可以及時應對，但他就地躊躇，和手下反覆商量，最後「憋」出來兩個應對措施。第一是在高平陵地區草草紮營；第二是調撥了周邊幾千屯田兵增加自己的守衛。小家子氣的曹爽沒有去想如何積極應對司馬懿的進攻，而首先考慮自己的守衛問題。他那幾千兵馬和一小群顯貴停留在高平陵，不是坐等覆滅，是什麼？

司馬懿也料到曹爽兄弟幾個人沒什麼拿得出手的對策。他最擔心的就是還留在洛陽城裡的曹爽黨羽桓範。司馬懿封鎖洛陽後就立刻以郭太后的名義徵召桓範，要任命他為中領軍，拉入自己的陣營。桓範也想過投入司馬懿陣營，司馬懿以權力高官來引誘，桓範怎麼能不動心呢？但兒子勸他說，皇帝車駕還在外面，曹爽集團還有極大的力量，勝負難料。兒子勸桓範不如出城去和曹爽等人會合，爭取做個平亂的功臣。桓範覺得兒子的建議替自己規劃了一條更好的道路，下定決心突圍出城去。

桓範單人匹馬衝到洛陽的平昌城門，城門已閉。守衛的門候司蕃是桓範以前的屬下。桓範把他叫出來，舉起手中的令牌一晃，矯旨說：「皇上有詔召我去高平陵，你快開城門！」司蕃半信半疑，就向桓範求見詔書。桓範嚴厲訓斥他說：「你難道不是我的故吏嗎，現在何敢如此放肆？皇上的詔書，也是你這樣的人能看的嗎？」司蕃被老上司的氣勢給壓倒了，讓人開啟了城門。桓範策馬迅速出城，回過頭來對司蕃說：「太傅造反了，你快跟從我去勤王吧！」司蕃頓時傻眼了。

司馬懿得知桓範出城後，認為：「桓範雖然善於出謀劃策，曹爽卻肯定不會採用桓範的計策。」旁邊的太尉蔣濟也認為：「桓範是很聰明，無奈駑馬戀棧豆，曹爽不能重用桓範。」司馬懿為了穩住曹爽，先派弟弟司馬孚前往高平陵，以皇帝曹芳在外不可露宿為由，送帳幔、太官餐具等給曹芳使用，又接二連三地派曹爽平時的好友去做說客，告訴曹爽說自己只是為了奪權，並無意相害。高平陵那一邊，司馬懿的使者陸續到達。他們將司馬懿的話原般告訴了曹爽，安撫他，還帶來了太尉蔣濟的書信。信中又重複了承諾，說司馬懿只想奪取權力，並不加害性命。勸說的人多了，曹爽逐漸相信了這些承諾。

　　這時候，桓範來到了高平陵。桓範看曹爽情緒動搖，建議說：「臨難反撲是人之常情。大將軍可以調動天下兵馬，洛陽周邊就有不少部隊；高平陵距離許昌不過一天的路程，許昌的武庫足可以支持大軍的用度；我身為大司農，又帶來了印綬，足可以籌集大軍的糧草。大將軍應馬上擁戴皇上南下許昌，宣布討伐叛逆司馬懿！」

　　桓範「南下許昌，討伐叛逆」的建議，匯聚了曹爽手中的所有優勢：第一，曹爽還掌握著小皇帝曹芳。這就讓曹爽占據了政治權威的最高點，也是司馬懿不敢對高平陵發動進攻的主要原因。第二，曹爽等人印信都帶在身邊，權力依然在手，完全有調集軍隊和司馬懿一戰的能力。其中曹爽、曹羲兄弟兩人有權調動天下兵馬討伐司馬懿；桓範身為大司農，可以合法調撥軍事物資。第三，高平陵離重鎮許昌不遠。許昌從東漢末年曹操迎立漢獻帝於此後，經過數十年的政治、經濟耕耘，已經成為了中原的大據點，糧草充足、城池雄厚、地位崇高。曹爽占領許昌，進可以憑藉許昌討伐洛陽；退可以做長期割據與司馬懿爭雄的打算。南下許昌，就可以匯聚曹爽的所有優勢，只此一招就能瞬間改變局勢。

　　曹爽對桓範的建議猶豫不決。曹羲也沉默無言。桓範知道曹爽身邊就只有曹羲還是明白人，便對曹羲說：「事情已經很明白了。您讀書是為了什麼，難道不就是為了在今天這樣關係皇室安全的關鍵時刻下定決心嗎？」曹爽兄弟還是沉默不言。桓範再對曹羲說：「您現在還能指揮洛陽城南的駐軍，如果調撥他們護駕，快的話半天就能到達許昌。皇上駕臨，許昌肯定要開門相迎。匹夫被逼急了，還知道劫持一個人質，有強烈的求生慾望；現在我們和天子相隨，可以號令天下，誰敢不應？」曹爽和曹羲兄弟等人還是默然不從。最後，大將軍曹爽好不容易才憋出一句話來：「諸位勿急，讓我好好想想。」

當晚，曹爽在高平陵度過了一生中最漫長的一夜。曹爽從來沒有遇到過如此緊要艱險的政治選擇。一邊是司馬懿的承諾，一邊是冒險的政治搏鬥，這一夜，曹爽始終無法闔眼。

第二天五更天，初升的太陽照耀在高平陵上。周圍的人早早就聚集在曹爽的營帳裡面等待著大將軍最後的決定。營帳裡聚攏的人越來越多。曹爽看看大家，猛地將案上的佩劍擲在地上：「太傅之意，不過是爭權。我交出權力，仍不失做富家翁。」桓範一下子哭了出來：「曹大將軍生了你們這群豬！想不到我今日要受株連滅族了！」曹羲等人默然無聲。桓範哭著離開了營帳，孤獨地策馬返城。

曹爽隨即將司馬懿彈劾自己的表章上奏了曹芳，主動請求免去自己的官職。曹芳只是尚未成年的少年，並不理解其中的利益關係，就將曹爽解職。曹爽交出了大將軍印綬，送給司馬懿。送印使者即將出發的時候，主簿楊綜拉住曹爽提醒說：「大將軍您一交出此印，恐怕就性命難保了。」曹爽搖頭說：「太傅不會失信於我的。」

郊祭高平陵一行就此草草收場。曹爽陪伴著曹芳，君臣默然返回洛陽。曹爽出城時，儀仗遮天，護衛如雲，許多人將郊祭看作和曹氏兄弟拉關係的好機會，隨從甚多。回城時淒風慘雨，那些附會富貴之徒隨走隨散，臨近洛陽時只剩曹爽兄弟孤零零的幾個人了。

經過洛水上浮橋的時候，曹爽原本還想和司馬懿打個照面，可是司馬懿看都不看他一眼。曹爽兄弟滿懷惆悵地回家去了。桓範遇到司馬懿，下車向司馬懿叩頭，說不出話來。司馬懿問他：「桓大夫為什麼要走到這一步呢？」桓範依然說不出一句話來，默默走開。

曹爽回到他的府第後立即被軟禁。司馬懿調撥了洛陽八百平民將大將軍府團團圍住，並在四角建高樓密切監視。曹爽被軟禁後，計窮愁

悶。但他非但沒有反省思過，也沒有謀劃反撲，竟然到後園中玩彈弓。府外高樓上的平民見到曹爽就高喊：「前大將軍向東南方向走了！」曹爽這才沒了玩興，和幾個兄弟共議對策。大家思考的都只是對自己的處置問題。因為苦於不知道司馬懿的真實意圖，曹爽寫了一封信給司馬懿，說府上的存糧不多了，請求司馬懿支援一些糧食。司馬懿二話不說，馬上送來稻米一百斛和充足的肉脯、鹽豉、大豆等。曹爽兄弟自以為得計，都很高興，認定自己肯定是死不了了。

暗地裡，司馬懿早已任命了之前受曹爽一派迫害的盧毓來「追認」曹爽集團是如何大逆不道。欲加之罪，何患無辭，更何況曹爽等人劣跡累累。司馬懿、盧毓不分晝夜地嚴刑逼供，最後審出了一個「原大將軍曹爽預謀本年三月兵變篡位」的大案子來。

這些幕後審訊都是背著曹爽集團進行的，只對一個人開放。他就是何晏。司馬懿讓何晏參與了對曹爽集團的審查工作。何晏還以為是司馬懿重視自己，審訊起曹爽同黨和自己先前的同夥來窮凶極惡，還提供了許多有價值的審訊線索和證據，希望能為自己開脫。在結案時，司馬懿說：「要族誅八家。」何晏將曹、丁、鄧、李等人數了一遍，只有七家，就說只需要族誅七家就可以了。司馬懿堅持說：「必須族誅八家。」何晏突然頭皮一麻，怯生生地問：「難道也包括我何家？」

正月初十日，司馬懿以謀反罪將曹爽兄弟及其親信何晏、鄧颺、丁謐、畢軌、李勝、桓範等下獄。這一天距離桓範勸曹爽兄弟千萬不要傾巢出發去高平陵只有五天時間。

政變過後的第二個月，曹芳任命司馬懿為丞相，並給予司馬懿奏事不名的待遇。司馬懿獨立掌握了曹魏的政權，為後來「司馬昭之心，路人皆知」局面的出現打下了扎實的基礎。

高平陵政變其實是一場並沒有多大懸念的政變。政變鬥爭的雙方（司馬懿和曹爽）能力高低一看即知。曹爽只是因為憑藉較高的立足點和突然襲擊，取得了最初權力鬥爭的勝利。但他所代表的集團墮落無能，政治上極端幼稚，被老謀深算的司馬懿抓住機會，一招斃命。當然曹爽集團內部也有能人（桓範），曹爽在政變中也有翻牌的機會，但他們的出身和性格注定了他們最後失敗的命運。

竹林七賢來了！

一

正始九年（西元二四八年），二十四歲的嵇康帶著家眷從都城洛陽來到河內郡山陽縣（今河南輝縣、修武一帶）寓居。這本是歷史長河中很細微的一次人口流動，卻在中國文化史、思想史上造成了驚天動地的槓桿作用。此舉引發的歷史光芒貫穿將近兩千年的時空，至今讓我們目眩不已。

嵇康和山陽的結合，是資源的強強聯合。嵇康，譙郡銍縣（今安徽濉溪）人，出身貧困家庭且早年喪父，透過勤奮刻苦的學習，長大後精通文學、玄學、音樂等，成了當時文壇的領袖之一。史載他「身長七尺八寸，美詞氣，有風儀，而土木形骸，不自藻飾，人以為龍章鳳姿，天質自然」。中國的政治體制喜歡將體制外的青年才俊納入到體制中來，以免他們成為體制的敵人。曹魏朝廷就喜歡上了表裡俱佳的嵇康，有意籠絡，嵇康很順利地迎娶了曹操曾孫女（一說孫女）長樂亭主為妻，成了皇親國戚，官拜中散大夫。這個官職更多是象徵意義的，後人查不到嵇康去官署施政的紀錄，只是習慣性地尊稱他為「嵇中散」。而山陽縣，地形俊勝。「天下之脊」太行山的南端就始於山陽縣。在這座頂著天下脊梁、矗立在中原核心的小縣城裡，曾經上演許多重大歷史事件。山陽是春秋時期諸侯逐鹿中原的焦點地區；前朝漢光武帝劉秀據有河內而後完成中興大業；他的子孫、東漢最後一個皇帝漢獻帝禪位於曹魏後被貶至此地，封為山陽公，在魏明帝青龍二年（二三四年）死在山陽。

當年才十歲的嵇康，不可能對漢獻帝的死有深入的理解。之後嵇

康逐漸長大，從民間走上朝堂，經歷的事情多了，對十多年前死在山陽的漢獻帝有了更深的理解：他是殘酷政治鬥爭的犧牲品。環顧朝堂，嵇康看著司馬懿父子的勢力蔓延開來，侵蝕種種實權，而可能與之抗衡的曹爽等人志大才疏，還渾然不覺。有識之士都預料到，一場你死我活的搏殺即將開始！嵇康在感情上親近曹魏皇室，他畢竟是曹魏的女婿、是曹魏賜予他榮華富貴的，但嵇康不願意參與司馬氏和曹氏之間的明爭暗鬥。因為權爭之中充滿陰謀、虛偽、血腥和其他骯髒的東西，嵇康不願意為之，也自認為沒有能力為之。

身在朝堂又不願意和黑暗政治同流合汙，嵇康只能自我放逐，把目光投向了山陽——在那裡，前朝皇帝被拉下龍椅後默默度過了餘生。

來到山陽境內，嵇康並沒有在縣城中尋找宅邸。那不符合他自我放逐的本意。嵇康在山陽城外東北約二十里、白鹿山南一處泉水邊，蓋起了寓所。住宅四周原本有竹子，嵇康又加種了不少，形成了一片竹林。竹子的潔身獨立、高節灑脫、疏疏淡淡、不慕虛華，都讓嵇康心馳神往。

青山腳下、流水岸邊的這片竹林，吸引了與嵇康志同道合的菁英分子紛至沓來。

緊隨其後走入竹林的是三十八歲的陳留尉氏（今河南開封）人阮籍。

阮籍是建安七子之一阮瑀的兒子，曾任步兵校尉，世稱「阮步兵」。

從阮籍的成長軌跡和以往思想來看，他似乎不至於會走入竹林，和嵇康一起清談隱居。從小，阮籍就接受了正統的儒家教育，抱有積極入世、建功立業的心態。他曾登廣武城，觀楚漢古戰場，慨嘆：「時無英雄，使豎子成名！」而他，阮籍，自然就是那個沒有出現的「英雄」。阮

籍也看到了現實政治的黑暗，看到了種種和聖賢教誨不符的事實，可他認為這恰恰是現實需要儒家教化、需要他這樣滿腹經綸的人才的表現。遺憾的是，當阮籍真正進入官場，沉浮十數年後，不得不承認現實政治像墨一樣黑，黑得讓他完全看不到理想的彼岸在何處。經歷了震驚、迷茫和痛苦之後，阮籍學會了逃避，學會了明哲保身和謹言慎行。就在同年，曹爽徵召阮籍出任自己的參軍，要拉他進入曹氏集團。阮籍不願意被捆綁在任何派系的戰車上，便託病辭官歸里，找嵇康來了。

第三個走入竹林的是四十三歲的河內懷縣（今河南武陟西）人山濤。

山濤和嵇康一樣是孤兒，也一樣是從貧苦中自學成才的。他之前的人生經歷比嵇康、阮籍要曲折得多，直到四十歲才做了官，當了郡主簿。眼看仕途有所起色了，山濤憂慮地發現了隱藏在平靜下面的暗潮。一天夜裡，山濤和同事石鑑（這人後來成了西晉的太尉）共宿，半夜踢醒石鑑說：「現在是什麼時候了，還在這裡睡覺！你知道司馬太傅臥病不出，有什麼問題嗎？」石鑑睡眼惺忪地回答：「皇上讓太傅回家養病，關我們什麼事情！」山濤罵道：「咄！馬蹄聲起，眼看就要刀光劍影了，怎麼會沒事呢！」出於對現實政治的不滿和不安，山濤也選擇了棄官而去，尋找一寸寧靜之地，安心思考生活。

嵇康、阮籍、山濤三人構成了竹林中最初的交談核心。三人之中，嵇康年紀最小，可以算是其他二人的子姪輩，但憑藉精深的學問、崇高的聲響和皇親國戚的光環，成了領袖。三人之中，山濤年紀最大，生活最為窘迫。家裡全靠夫人韓氏操持破衣粗食，山濤一次和妻子打趣說：「夫人忍忍飢寒，等我日後位列三公，不知道夫人能不能做好高官太太？」山濤又對妻子說：「眼下能做我的朋友的，就只有嵇康和阮籍了。」韓氏很好奇，很想看看他們。一天，嵇康和阮籍來山濤家做客。韓氏勸

山濤將兩人留下來住宿，夜裡韓氏在牆壁上挖了個洞，觀察嵇康和阮籍，聽他們徹夜長談。朋友走後，山濤就問妻子有什麼感受，韓氏坦率地說：「你的才智、情趣，和嵇康、阮籍相比，差遠了！只有你的見識、氣度，勉強還能和他倆比一下。」韓氏的判斷，也是一般人的觀點。在竹林交談的核心中，才情聲望都推嵇康為首，阮籍次之，山濤又次之。

<h1 style="text-align:center">二</h1>

　　阮籍的姪子阮咸，聽說叔叔和幾個世外高人躲在竹林中，飲酒高歌、暢談不休，非常羨慕，纏著叔叔介紹自己進入了這個小圈子。

　　別看阮咸是阮籍的姪子，名聲並不在阮籍之下，和叔叔並稱「大小阮」。阮咸為人狂放，不拘禮法，尤其彈得一手好琵琶。唐代後，人們根據阮咸琵琶的樣式製造了許多復古琵琶，為與西域傳入的琵琶相區別，乾脆將復古琵琶稱為阮咸，簡稱「阮」。可見，阮咸的琵琶功夫了得，影響了上千年。

　　阮咸和叔叔阮籍這一系，家裡比較窮，居住在道南。居住在道北的阮姓同族都很富有。七月七日，北邊的阮家在院子裡晒衣服，都是紗羅錦綺。阮咸就在院子裡架起桿子，掛了許多布衣爛衫。人們問他為什麼把貧困的家底都亮出來，阮咸自嘲道：「未能免俗，聊復爾耳！」他的未能免俗，不是攀比，不是附庸風雅，而帶有一種樸素的真實，是真性情的表露，遠比富裕的同族們的炫耀高貴得多。既另類又真誠的阮咸很快就被三人核心接納了。

　　此外，河內懷縣（今河南武徙西南）的書呆子向秀和沛國（今安徽淮北）人劉伶也加入了清談行列。劉伶是個不折不扣的酒鬼，最擅長喝酒和品酒，還專門寫了篇〈酒德頌〉談喝酒的好處。他長期酗酒，都得了病。一次，劉伶酒病又一次發作，還要妻子拿酒來喝。妻子哭著把酒都灑在地上，摔破了酒瓶，懇勸他說：「喝酒傷身，你看你都喝出病來了！你一定要戒酒了！」劉伶就回答：「好，戒酒！可是，靠我一個人的力量沒法戒酒，必須在神明前面發誓，才能戒得掉。麻煩妳準備酒肉祭神吧！」妻子信以為真，準備酒肉供在神像前，劉伶跪下來祝告說：「天生劉伶，以酒為名；一飲一斛，五斗解酲。婦人之言，慎不可聽。」說完，他搶過神像前的酒肉，大口喝酒，大口吃肉，結果又喝得酩酊大醉。

　　劉伶長得又矮又小，而且容貌極其醜陋。一次他喝醉了酒和人吵了起來，對方捲起袖子就要揍他，劉伶很鎮定地說：「我身子像雞肋一樣細小瘦弱，哪能受得了老兄的拳頭啊！」對方聽了大笑，也不揍他了。但是他的運氣不會總是這麼好，慢慢地得罪的人多了，劉伶的人際關係就越來越差了，他也越來越不與人交往，對人情世事默然相對，只是喝酒而已。奇怪的是，劉伶和阮籍、嵇康兩人卻很投機，一見面就有說有笑。很自然地，他也加入了竹林中的談話。

　　竹林的名聲散播出去後，山東琅琊人王戎聞風而來。王戎的年紀很小，比嵇康還小十歲，比山濤小了二十四歲，走入竹林的時候還只是個十四歲的毛頭小子。

　　別看王戎年紀很小，卻是神采飛揚的神童。他出生於山東琅琊的官宦人家，從小聰慧，學問日益精進，善於清談。王戎對老莊清靜無為的學說很喜愛，也是嵇康的崇拜者。直到老年，王戎回憶起嵇康來還說：「與嵇康居二十年，未嘗見其喜慍之色。」阮籍認識王戎也很早。王戎

的父親王渾擔任尚書郎時和阮籍是同事，王戎也跟著父親住在官舍中。每一次，阮籍去拜訪王渾，話不投機說不了幾分鐘，卻和小小的王戎很聊得來。兩人一談就是大半天，成了忘年之交。阮籍很不客氣地對王渾說：「你兒子清俊絕倫，你根本比不上他。和阿戎說話，比和你說話有趣多了。」王戎的崇尚清靜和清談，更多的是出於年少時候純美的理想，其中還摻雜著絲絲叛逆的情緒，缺少山濤、嵇康、阮籍等人對現實無望之後的謹慎與逃避──王戎壓根就還沒進入社會。其實，王戎內心對功名利祿並沒有免疫力，相反對花花綠綠的世界充滿了好奇心。因此，阮籍雖然喜歡王戎的聰慧和清談，對他的人品並不看好。

幾個人裡面，王戎是最晚參加竹林清談的。他剛來，阮籍就高喊：「有俗人來敗壞我們的興致了！」王戎淡淡地反駁說：「你們這樣的人，還有誰可以敗壞你們的興致呢？」

就這樣，山陽城外竹林中的七位常客：嵇康、阮籍、山濤、向秀、劉伶、王戎、阮咸，時常聚首，暢飲高談，醉了就臥倒泉邊，醒來繼續清談歌唱，世謂「竹林七賢」。

三

竹林七賢，不僅僅是竹林中的七個人，也代表了魏晉一代知識分子的苦悶和掙扎。

首先，竹林七賢都是黑暗現實的逃避者。從東漢末期開始，現實主義政治和弱肉強食的思想在政壇上橫行，後來蔓延到社會的各個領域。

曹魏建立後，仁義道德雖然重新被提倡，被樹立為意識形態的旗幟，但發揮實際作用的依然是務實殘酷的鬥爭法則。而另一面，曹魏朝廷又不能恢復兩漢統一時期的強大權威，不能控制社會的各方面（連天下都統一不了）。這就為知識分子的獨立自由思考留下了空間。知識分子多數是讀聖賢書成長的，信奉仁義道德，多數人崇尚公正自由的生活。當他們滿懷抱負地入世之後，理想和現實之間的巨大鴻溝讓他們迷茫、徘徊和痛苦。他們找不到填平鴻溝的方法，又不願意繼續受到殘酷現實的壓迫，只能選擇了逃避，躲進了竹林。竹林七賢的核心嵇康、阮籍和山濤都是如此。

其次，竹林七賢表面上是禮教的背叛者，卻是禮教真正的信奉者。後人談起竹林七賢，第一印象往往是他們離經叛道、驚世駭俗的做派。人們都說竹林七賢「棄經典而尚老莊，蔑禮法而崇放達」。為什麼他們好老莊學說呢？因為老莊的清靜無為、效法自然，對知識分子有著天然的吸引力。當高官厚祿變為讓知識分子放棄獨立和思想的誘惑，當仁義道德變為黑暗政治的遮羞布，當一切規則、規範和禮教變為幌子、棍子和刀槍的時候，現存社會的制度和說教還值得信賴和遵奉嗎？既然被朝廷和普通人都奉為寶典的制度規章不值得信賴，逃避而去的知識分子便躲進了道家的無為和清談之中。在嵇康他們之前，夏侯玄、何晏、王弼等為代表的「正始學派」也對現實失望，完全步入了虛無。他們把老莊的虛無主義傾向發揮開來，崇尚世界本無（令人不解的是，正始學派的主要人物都參加了曹爽集團，介入了曹魏與司馬氏的爭鬥）。竹林七賢則把老莊學說中的「自然」發揮開來，講求一切順其自然，追求無拘無束的個人生活。

無拘無束的生活表現在竹林七賢的「放達」上。阮籍有言：「禮教豈為我輩而設？」而阮咸曾和姑姑家的鮮卑婢女私通，母喪期間聽說鮮卑

婢女要隨姑姑到遠方去了，阮咸穿著孝服、騎上毛驢就去追，後來載著那個婢女一起回來。阮咸還說：「人種不可失！」原來鮮卑婢女已經懷了他的孩子，這在魏晉時期可是驚世駭俗的事情，阮咸還高調宣布。阮氏族人都善於飲酒，阮咸和族人喝酒，都不用常杯斟酌，而用大甕盛酒，坐在地上大口大口喝酒。一次有一群豬來找大甕，把酒當水喝起來，阮咸也無所謂，趴著和豬群一起喝酒。酒鬼劉伶有次赤身裸體地接待客人來訪，客人責問他，他說：「我以天地為宅舍，以屋室為衣褲，你們為何入我褲中？」很多人憑此來批評竹林七賢，攻擊他們行為放蕩，不守禮法，進而攻擊他們不忠不孝。實際上，竹林七賢才是真正的忠孝仁義的尊奉者。比如阮籍就是個孝子，但他母親逝世的時候，阮籍正與人下圍棋，棋友說不下了，你去辦喪事吧！阮籍卻堅持把圍棋下完，之後還喝了二斗酒。這些事情看起來都是阮籍不孝的證據。可是阮籍喝完酒後就號叫一聲，吐血數升。母親要下葬了，阮籍又吃了一個蒸肫子，喝了二斗酒，然後又號叫一聲，吐血數升，整個人「毀瘠骨立，殆致滅性」。可見阮籍的悲痛已經深入血液骨髓，不是一般的痛苦了。裴楷去弔喪，看到阮籍醉醺醺的，散髮箕踞，直愣愣盯著客人看，既不招呼也不搭理。裴楷弔唁完畢就告辭而去，別人問他：「弔喪的時候都是主人先哭，客人再行禮。阮籍都沒哭，您為什麼要哭著行禮啊？」裴楷真正理解了阮籍，說：「阮籍是方外之士，不崇禮典。我就是個俗人，還要以軌儀自居。」可見行為方式的不同，並不能掩蓋阮籍深沉的悲痛。悲傷不一定要用痛哭流涕來證明，忠君愛國不一定要高喊口號，同樣，孝順、仁慈、關愛、忠誠等價值觀也無須按照統一的標準來表現。竹林七賢已經對社會現存制度，包括禮教都拋棄不用了，他們有自己的方式來表達內在感受，表示好惡。在這方面，阮籍的「青白眼」是個很好的例子。阮籍看

到現實中蠅營狗苟的鑽營之人，就翻白眼，愛理不理的。嵇康齎酒挾琴來訪，阮籍就立刻熱情相待。人們都應該像裴楷一樣，不能機械地按照傳統禮教的標準來要求竹林七賢照做無誤。

他們七個人在竹林中飲酒、彈琴、對弈，高談闊論，談論的話題涉及理想與現實的差距、個人和社會的關係、如何對待自然等等。這些問題千百年來，一直困擾著知識分子。竹林七賢給出了自己的答案，包括逃避殘酷的現實、保持純潔自然的心靈、追求自然的生活等等，也都吸引著後來者，讓後來者從中汲取了不少思想資源。不管後人認同不認同他們的言行，七個人潔身自好，保持獨立自由的精神，為後人樹立了崇高的榜樣。從這個角度說，竹林中的清談雖然是務虛的，卻有著穿透時空的強大力量。

需要指出的是，儘管竹林中的七個人都崇尚獨立自由，都信奉道家哲學，但思想並不完全一致。這種不一致表現在處理個人和仕途的關係上。嵇康、向秀、劉伶等人是完全藐視政治權威，純粹地遵從心靈的召喚，要過自然本真的生活。而山濤、王戎兩人雖然聽到了內心的召喚，知道自由獨立的生活的可貴，但是同時他們心靈深處還有世俗的呼喚，知道如何去做社會認同的「正確」的事情。現實中有許多後一種知識分子，他們知道真善良，也有理想，卻選擇做「正確的事情」。思想的不同，在外界環境的刺激下，導致了竹林七賢的散去。

那些竹林中的清談，只維持了一年多時間。正始十年（二四九年）爆發了高平陵政變，曹爽集團血流成河，代表著曹魏王朝的支持力量消失殆盡。「萬事貴無」的何晏在積極參與政治鬥爭的同時，也曾顯露出消極避世的態度，可惜未能脫身而出，最終落得個家破人亡的下場。「正始學派」跟隨曹爽，隨著曹氏的失敗整個學派歸於沉寂。而原先動盪不明

的政局一下子明朗起來，司馬家族成了不可撼動的勝利者。竹林七賢中的山濤、王戎等人陸續走出林子，當官去了；阮籍的思想底子是入世的儒家的，而非出世的道家，迫於壓力也接受了朝廷的徵召。嵇康、向秀等人還經常在竹林中聚會，可是光景大不如前了。

這不是嵇康一個人的悲劇

一

一群人在竹林中清談是無害行為，還符合「低碳生活」的要求，但曹魏朝廷不會允許竹林七賢的存在。

因為在他們看來，知識分子聚群清談是「反動行為」。清談的話語體系是非官方的，行為是反禮教的，竹林清談的存在就是對權威的無聲反抗，對朝廷的藐視。政府權力的一大特性就是強盛的蔓延能力，從政府延伸到社會各個領域。「普天之下，莫非王土；率土之濱，莫非王臣。」皇帝和官吏們希望將社會各個方面、各色人等都管理起來，容不得政府權力存在空白。嵇康、向秀等人堅持在竹林中避世清談，對政治漠不關心（沒有批評），對主流意識形態離經叛道（儘管皇帝和達官顯貴們自己也不真心信奉），很快就引起了司馬氏的注意。考慮到在之前的政治鬥爭中，嵇康等人並沒有站在自己一邊（也沒有站在曹爽一邊），又考慮到竹林清談的影響力越來越大（這不是和司馬氏爭奪民心嘛），司馬氏便將嵇康等人視為眼中釘，肉中刺了。

這裡又暴露出中國古代政治的一大弊病：知識分子對政治的冷漠和無聲反抗，根源在朝廷，而不在知識分子。如果朝廷能夠革新政治、唯才是舉，建立清明的大環境，想必知識分子都會走出竹林，為朝廷所用。可是朝廷極少有自我反省的精神，拒絕承認自身的錯誤（有的時候，自我認錯會對既有權力結構造成毀滅性的打擊），反而採取打壓的方式，要剷平竹林，捕捉其中的人才。

享受著自由和自然的嵇康等人，還沒有意識到高平陵政變後日益

強化的司馬氏權威統治，延續著清談高歌的日常生活。山濤、阮籍等人陸續離去後，嵇康喜歡上了打鐵（有說是興趣愛好，有說是以此賺錢餬口），向秀偶爾陪嵇康去洛陽打鐵。山東東平人呂安放逸而超邁俗人，趕來山陽尋找他們。向秀常約呂安耕田、種菜，收穫後拿到市場上去賣，換取酒食。三人走得很近，常常相約出遊，觀原野，攀山嵐，不計遠近，整天整夜地不回家，回來後又高談喝酒。三人之中，向秀比較文靜，不像其他兩人那樣傲世不羈，堅持讀書。嵇康和呂安不時嘲笑他。向秀有感於《莊子》逐漸流行，閱讀的人很多，卻很少有人注解，就靜下心來為《莊子》作注，完成後請嵇康、呂安批評。嵇康等人給予了一致的肯定。

這時候發生了幾件事，最終打破了竹林的安逸寧靜。先是嵇康將司隸校尉鍾會完完全全徹徹底底地給得罪了。鍾會是司馬氏器重的大官，也是個「官方知識分子」，想結交嵇康，附庸風雅。他穿戴齊整，帶著大批人來找嵇康「交流感情」來了。嵇康與向秀正在樹蔭下鍛鐵，向秀拉排司火，嵇康揮錘打鐵，對熱情而來的鍾會不理不睬。鍾會在一旁看兩人打鐵看了很長時間，沒看到嵇康用正眼看過自己，準備離開。這時嵇康開口了，問：「何所聞而來，何所見而去？」鍾會恨恨地回答：「聞所聞而來，見所見而去。」言下之意是你嵇康果然恃才傲物，果然有個性，我們走著瞧。

司馬昭做了大將軍，要聘嵇康為掾吏。嵇康不願出仕，離家躲避到河東郡去，駁了大將軍的面子。景元二年（二六一年），山濤由大將軍從事中郎遷任吏部侍郎，舉薦嵇康接替自己先前的職位。嵇康聞訊，寫了著名的〈與山巨源絕交書〉（山濤，字巨源），宣布和山濤絕交。他在文章中稱避世清談是自己的志向，「志氣所託，不可奪也」，山濤強己所

難，道不同不相為謀，因此單方面宣布與山濤絕交。文章借絕交為名，委婉地批評了社會，比如「每非湯武而薄周孔，在人間不止此事，會顯世教所不容」等，說了很多重話，比如不可「己嗜臭腐，養鴛雛以死鼠也」等。

按照嵇康的個性，如此激烈和高調的行為實在令人可疑。不想做官，直接告訴山濤就可以了，有必要弄得沸沸揚揚的嗎？於是，就有後人解釋說，嵇康這是在保護正處於仕途上升期的好友山濤呢！他知道竹林七賢不容於朝廷主流，宣布與山濤絕交其實是告訴朝廷：山濤被竹林七賢的領袖開除了，以免之前的交往影響山濤的發展。而山濤收到嵇康的絕交信後，也沒有發怒，笑笑而已。

話說呂安的妻子非常漂亮。呂安的哥哥呂巽卻是好色的奸佞小人，竟然強暴了弟妹。呂安怒氣衝冠，準備休妻並起訴呂巽。呂巽就請嵇康從中勸解，並發誓改過自新，好好做人。嵇康出面調和，說服呂安將這件事壓了下來。不想，呂巽這個卑鄙小人，穩住弟弟呂安後，惡人先告狀，向官府控告呂安「不孝」。魏晉都以孝治天下，「不孝」是大罪，當年孔融就是因為「不孝」被曹操誅殺的。呂安於是被抓了，寫信向嵇康尋求幫助。呂安不知道是被激憤沖昏了頭還是別的原因，信中的內容非常偏激，將嵇康的避世歸類為反抗官府的舉動，認為自己是被陷害的，希望嵇康搭救。嵇康也為呂安激憤不平，先寫信與呂巽絕交，再跑到官府為呂安作證。結果，呂安沒被救出來（後來被流放西北邊郡），嵇康反被收押了。

鍾會趁機勸司馬昭除掉嵇康。他拿出來的證據就包括言辭激烈的〈與山巨源絕交書〉。鍾會認為：「嵇康，臥龍也，不可起。公無憂天下，顧以康為慮耳。」這條理由是：嵇康才華出眾，又不能效忠朝廷（其實

是司馬氏），所以是危險人物。鍾會還造謠說：「康欲助毌丘儉，賴山濤不聽。」這裡的毌丘儉忠於曹魏，曾和文欽等人在揚州起兵討伐司馬師，失敗後被列入叛臣的行列。鍾會說嵇康是毌丘儉的同黨，只是因為山濤的阻攔才沒有參加叛亂。最後，鍾會搬出春秋戰國時「齊戮華士」，「魯誅少正卯」的先例來，建議司馬昭以「害時亂教」的名義殺掉嵇康，「宜因釁除之，以淳風俗」。鍾會要殺嵇康的三條理由中，這最後一條才算是真實的。司馬昭當時很信任鍾會，下決心殺害嵇康。

嵇康在獄中，仍然未意識到死亡威脅的到來。他寫下了〈幽憤詩〉，後悔在隱居多年後突然插手呂安的事情，看來自己還是沒有將老莊的清靜無為學到家。原本就是因為對現實政治失望才隱居的，怎麼到頭來又走入官府，奢望官府能還給呂安清白呢？嵇康決定，出獄後要「採薇山阿，散髮巖岫，永嘯長吟，頤性養壽」。

有太學生三千人，請求赦免嵇康，願意拜嵇康為師。這番好意加速了嵇康的死亡。司馬昭發現嵇康原來有這麼大的支持力量，他那些反權威的行為竟然吸引了這麼多年輕人，這還了得。司馬昭斷然拒絕了學生們的請求，下令立即處死嵇康。

臨刑前，嵇康神色坦然。他看看日影，預計離行刑尚有一段時間，便向兄長要來平時愛用的琴，在刑場上撫了一曲〈廣陵散〉。早年，嵇康遊歷洛西的一天晚上，住宿華陽亭，引琴而彈。夜裡，忽然有客人來訪，自稱是古人，和嵇康暢談音律，還借嵇康的琴彈了一曲，聲調絕倫。這曲子就是〈廣陵散〉。古人將曲子傳授給了嵇康，沒留下姓名就飄然而去了。之後嵇康一直沒將〈廣陵散〉傳授他人，今日在刑場上彈奏完畢後，他把琴放下，嘆息道：「〈廣陵散〉於今絕矣！」說完從容就戮，時年四十。

二

　　嵇康臨刑前，讓兒女去投靠山濤。他依然將山濤當做摯友，山濤也沒有辜負嵇康的託孤重任。山濤這個人，雖然在現實中做出了「正確的選擇」，但始終保持著自然真誠的心靈。嵇康死後，山濤一直悉心照料、撫養著他的兒女。王戎也對嵇康的子女多有照顧。成語「嵇紹不孤」說的就是嵇康的兒子嵇紹雖然是孤兒，但有山濤、王戎兩位長輩的悉心關照，並沒有無依無靠。嵇紹長大後，一表人才。有一次有人對王戎說：「昨天我在眾人中見到嵇紹，他氣宇軒昂，如同野鶴立於雞群之中。」這就是「鶴立雞群」的來歷。王戎聽說後，感慨地說：「那是你沒見過他的父親嵇康。」

　　因為山濤的大力舉薦，嵇紹很順利地進入了仕途——西晉的仕途，而非曹魏的。父親嵇康是反權威的逍遙派，兒子嵇紹卻是勤奮積極的晉朝官僚，不知道嵇康知道後做何感想？蕩陰之戰中（見《八王之亂》），時任侍中的嵇紹跟隨晉惠帝司馬衷出征。混戰中，百官、侍衛紛紛潰散，只有嵇紹冠服凌然，用身體捍衛著晉惠帝，最終被亂箭射死在皇帝的身邊。嵇紹的鮮血濺到了龍袍後，讓昏庸的晉惠帝留下了深刻的印象。局勢平定後，左右要為晉惠帝浣洗龍袍，晉惠帝不肯，說：「此嵇侍中血，勿去。」「嵇侍中血」日後就成了忠臣的指代物。嵇紹雖然沒能在反權威方面繼承嵇康的衣缽，但忠君報國的行為也沒有辱沒了家門。

　　說完嵇康父子，我們來看看山濤和王戎這兩位積極投身司馬政權的七賢的後半生。

山濤和司馬家族有親戚關係。山濤父親山曜的姑姑山氏，嫁給了曹魏的粟邑令張某，生下女兒張春華。張春華嫁給了司馬懿，為嫡系夫人，是司馬師、司馬昭的親生母親，晉朝建立後被尊為宣穆皇后。山濤算是張春華的表姪子，司馬師和司馬昭的遠房表親，司馬炎的遠方表叔。這層親緣關係雖然有點遠，但對山濤來說是不錯的政治資源。司馬師執政後，對山濤這個表親很重視，舉他為秀才，拜為郎中，後來升任尚書吏部郎。山濤於是傾心依附，為司馬家族出謀劃策。他要施展才華，必須要有強大的政治後盾，這是每個務實的知識分子必須承認的事實。因此，山濤的選擇，我們可以旁觀和漠視，卻不能橫加指責。

山濤在政治上「嶄露頭角」是在司馬昭挑選世子問題上堅定地支持了司馬炎。司馬昭當了晉公後，一度想挑選司馬攸為世子。山濤主張以司馬炎為世子，當司馬昭徵詢他意見時說：「廢長立少，違禮不祥。國之安危，恆必由之。」司馬昭最終挑選了司馬炎為接班人。司馬炎感激莫名，趕到山濤家當面拜謝。等司馬炎代魏稱帝後，山濤的好日子就來了。他歷任侍中，遷吏部尚書、太子少傅、尚書左僕射等，進入了西晉初期的權力核心圈子。

山濤終於獲得了施展才華的機會。知識分子為了獲得一展拳腳的舞臺，必須付出辛勤的努力，做出種種犧牲和妥協。很多知識分子不願意這麼做，山濤經過幾十年的努力，終於獲得了這樣的舞臺，在此後的幾十年中負責晉朝的人事工作。他選用官吏，既秉承晉武帝司馬炎的意旨，又親自考核評價，時稱「山公啟事」。在漫長的人事工作中，山濤經手的那麼多官員升遷降黜，幾乎都做到了實事求是，考核沒有偏離實際。《晉書》說，山濤負責人事期間提拔的官員中，只有陸亮一個人出了問題（受賄）。而當初堅持要提拔陸亮的是司馬炎本人，山濤反對重用陸亮，最後司馬炎不得不親自下詔

任命。山濤發現陸亮受賄了，立即將他撤職了。對於山濤的工作，可以用「任人唯賢」，「大公無私」來評價，他因此在朝中享有很高威望。

西晉朝野崇尚奢華，官僚貴族們一個賽一個地窮奢極欲。而山濤對自己約束甚嚴，身居高位還保持儉樸的生活，家裡沒有美女僕人，拿到的俸祿和獲得的賞賜都接濟親朋好友。因為他掌管著官員的升遷，許多人向他行賄，山濤一概拒絕。鬲縣縣令袁毅是個大貪官，同時向公卿大臣大肆行賄，謀求讚譽和升遷。他向山濤行賄絲百斤。山濤不願意和公卿大臣們格格不入，給人特立獨行的感覺 —— 這是他和嵇康不同的地方，就收下了賄賂，藏在閣上。後來，袁毅事情敗露，遭到廷尉的審判。他送出去的賄賂，每一筆都遭到追索。山濤取下絲交給辦案人員，上面有多年積存的塵埃，印封如初。凡此種種，山濤的行為實屬不易，說明他始終堅持著心中的理想，沒有向現實妥協，和黑暗政治同流合汙。從這個意義上來說，他延續了竹林七賢的風範。

山濤活了八十多歲，多次以年老多病辭官，都沒有得到批准，最後在司徒的位置上強辭，才被准許回家養老，最後死在家中。

王戎在西晉也做到了司徒的高官。和山濤不同，王戎的政治高位是透過明哲保身、阿諛求全得來的，對朝政也沒有什麼貢獻，頗令人不齒。

王戎在政治高峰的時候，正是賈南風攬權、八王之亂的時期，對於賈南風廢殺太子、趙王司馬倫殺賈南風等事，王戎都保持了沉默。在八王之亂中，晉室面臨空前危機，王戎位高爵顯，身當國家重任，應該有所作為，卻沒有絲毫作為、沒有一句意見，在各派力量中虛與委蛇，做「濫好人」，因此得以官運亨通，位至司徒。他把主要精力放在了斂財上。王戎性格極其吝嗇，做了高官後已經田園遍及天下，還天天拿著算盤畫夜算計財產，貪得無厭。姪子結婚，王戎只送了一件單衣。自己女

兒出嫁，需要用錢，竟然要向王戎借款。王戎借給女兒數萬銅板後，天天唸叨，女兒回家省親見狀，趕緊把錢還上，王戎這才放鬆下來。家中的李樹產的李子品質不錯，王戎都拿出去賣了換錢，可是又怕別人得了種子種出好李子來，於是賣出之前在李子上鑽孔把核挖出來。如此算計的結果是王戎的區宅、僮牧、膏田、水碓無數，富貴一方，可是他還每天和夫人在燭光下盤算蠅頭小利。

如果說王戎身上還有什麼當年竹林清談的風範的話，那就是他還有真情實感。對金錢的變態愛好當然算不上積極的真情實感了。話說司馬炎時期王戎、和嶠同時遭遇大喪，和家準備了隆重的喪禮，和嶠痛哭著迎接喪客。而王戎卻不準備喪禮，拖著骨瘦如柴的身子呆呆地坐在床上，也不答理喪客。司馬炎對大臣劉仲雄說：「你去看過王、和二人嗎？我聽說和嶠悲哀過度，讓人擔心啊！」劉仲雄說：「和嶠雖然喪禮周到，但神氣不損；王戎雖然沒有禮節，但傷痛已經融入了他的骨髓。臣覺得，和嶠是生孝，王戎是死孝；陛下不應擔心和嶠，倒是要擔心王戎能否挺過來。」在這裡，呆呆坐在床上的王戎，倒還有幾分竹林七賢的味道。

三

嵇康被殺，透露出了朝廷對竹林七賢這類反權威言行的鎮壓態度，頓時天下知識分子戰戰兢兢。七賢中的其他人物尤其擔心，不得不對朝廷權威有所退讓。

竹林七賢靈魂之一的阮籍，出來當官比較早，卻始終沒能融入官場

之中。鍾會多次向他詢問時事，想套出阮籍的破綻來，治他的罪。阮籍只有拚命喝酒，用酊醉來抗拒鍾會惡毒的騷擾，沒讓敵人找到把柄。司馬昭對阮籍還是相當客氣的，曾經想讓兒子司馬炎娶阮籍的女兒，兩家結為兒女親家。面對這麼大的誘惑，阮籍的對策還是醉酒，酗酒大醉了六十天，硬是讓司馬昭找不到提親的機會，聯姻一事不了了之。

阮籍和官場格格不入，又不能像之前那樣遠離官場回歸竹林，其中的痛苦只能默默承受。好在阮籍頗能在官場中找樂子，留下兩段瀟灑的故事。一次，阮籍從容地對司馬昭說：「我曾遊東平，非常喜歡當地風土。」司馬昭大喜，以為阮籍想去東平做點實事，當即任命他為東平相。阮籍騎著毛驢去上任了，做了兩件事情：第一是把東平官府的圍牆給拆了，讓官吏和老百姓們能內外相望，不再相互隔斷；第二是廢除了東平繁複的法令，清簡政令。十多天後，阮籍又騎著毛驢走了，不做東平相了。他聽說步兵校尉官署中有佳釀，貯酒三百斛，又自薦擔任步兵校尉。到任後，阮籍並不處理軍務，終日在官署內飲酒宴會。

阮籍在政治上比較大的舉動是司馬炎在篡奪曹魏政權的時候，公卿大臣們推舉阮籍來寫勸進書，推舉司馬炎稱帝。這是大是大非的選邊問題，阮籍不答應不行。答應後，阮籍遲遲不願意下手，繼續用酒精麻醉自己。到了大臣們來取勸進書的時候，阮籍醉趴在案子上酣睡。被叫醒後，阮籍在案子上揮毫寫成，沒有改動就交了上去。全書言辭清壯，得到了好評。也許是司馬炎對阮籍的勸進書很有好感，雖然不斷有人攻擊阮籍不拘禮教，衛道人士們視阮籍為異類，司馬炎每次都保護他，使得阮籍得以善終。

晚年的阮籍，說話越來越空虛玄遠，堅絕不臧否人物、不談時事。他常常自己駕著車，任意遊走，行至路窮處便放聲大哭。在大哭中，阮籍才能釋放內心的悲涼和痛楚。

山濤掌管官員升遷，對阮籍姪子阮咸的評價很高：「阮咸貞素寡欲，深識清濁，萬物不能移。若在官人之職，必絕於時。」他提議重用阮咸。但晉武帝司馬炎認為阮咸酗酒成性，不予重用。中書監荀勖校太樂，用古尺更鑄銅律呂來調聲調，調好後樂聲很好聽。荀勖也很得意。阮咸不以為然，指出了荀勖所調太樂的一些問題。荀勖就忌恨阮咸，在司馬炎面前進讒，阮咸被外放了始平太守。後來發現了周朝時的玉尺，是天下樂聲的正尺。荀勖用它來核準自己調校的太樂，果然發現了阮咸指出的那些問題，方才知道阮咸音樂才華遠在一般人之上。

　　嵇康被殺後，向秀不得不結束隱居，進入洛陽為官。司馬昭就問他：「聽說你有箕山之志，為什麼還來洛陽呢？」箕山是山名，傳說堯要讓位給巢父、許由，二人不願接受，就隱遁在箕山，所以箕山之志就是隱居之志。向秀回答：「巢父、許由都是狷介之士，我並不羨慕他們。」這明顯是違心的話，猜想連司馬昭也不相信向秀的回答，但他對向秀的主動低頭和委曲求全的態度非常認可，放過了向秀。在曹魏和西晉時期，向秀歷任散騎侍郎、黃門侍郎、散騎常侍，在位不做事，領一份薪水，表明姿態而已。司馬昭死後，向秀極不得意。一次，他經過山陽嵇康舊居，看到物是人非，寫下了極其隱晦的〈思舊賦〉一文，揭露了黑暗政治與恐怖權威下自己戰戰兢兢的心態，想哭祭摯友又不敢哭出聲來，只能「思舊」一下。向秀最後死在了散騎常侍的職位上。

　　醉鬼劉伶也不得不出來做官，做到了建威參軍的閒職。晉武帝泰始年間，劉伶曾經上書，主張「無為而化」的老莊學說，被斥為無益之策。他的命運也最坎坷，遭到了罷官。回鄉後的劉伶，加重酗酒，最後可能死於酒精中毒。《晉書》說他後期經常乘著鹿車，抱著酒壺，吩咐僕人提著鋤頭跟在車子後面，說：「如果我醉死了，就地把我埋葬了吧！」

國家在發展，旗幟在變色

一

　　三國時期，曹魏王朝的基礎最好、立足點最高，又執行了正確的發展策略，在南北方的對抗中取得了最終的勝利。遺憾的是，最終坐享勝利果實的卻是司馬家族。

　　第一代皇帝曹丕時期是曹魏政治平穩發展的時期。曹丕本人文采出眾，落筆成章，也執行了一些利國利民政策。比如在他剛繼承曹操爵位的時候，下令說：「關卡渡口是用來通商旅的，池塘林苑是用來抵禦災荒的。在這些地方設立禁令，課以重稅不符合便民的原則。因此要解除池苑的禁令，減輕關卡渡口的稅率，全部恢復為什一稅率（百分之十）。」另外，針對漢末皇權衰微導致政權顛覆的教訓，曹丕特別警惕防範宗室、後宮專權。曹丕制定了羈絆藩鎮的嚴密制度，還嚴厲限制太監、嬪妃和外戚干政擅權。曹魏的防範制度很成功，整個王朝始終沒有出現宗室或後宮專權的情況。

　　但是曹丕為人輕浮，按照現代評論的標準就是做事不夠穩重。他想建立自己的功績，不顧勸諫進行巡遊般的南征，沿途犒賞軍民。來到長江邊上後，曹丕說了句：「嗯，東吳看起來果然是難以輕易拔除了。我們退軍吧！」倒顯得有幾分可愛。司馬懿和曹丕關係密切，因此在曹丕統治時期，他才真正開始掌握實權。

　　總體而言曹丕還是位不錯的君主。文人氣質讓曹丕做了些輕浮躁動的事情，好聲色享受，但尚能自抑，沒有帶來大壞處。曹魏在曹丕時期獲得了穩定發展。

曹丕死後，曹叡即位。曹叡因為是甄宓的兒子，隨著甄宓的失寵，地位一度危險。也許是因為曹叡脾氣稟性與曹丕差不多，曹丕最終還是傳位給了曹叡。

曹叡在位，做出了一些政績。他常說「刑獄攸關天下性命」，朝廷斷大獄，曹叡經常親臨旁聽。曹叡在對蜀漢作戰中委政於司馬懿，時刻關注，並多有傑作。諸葛亮第一次出祁山的時候，有人以為蜀軍缺乏輜重，糧草必然接濟不上，蜀漢必然不擊自破，朝廷不需要犒勞軍隊。還有人想收割上邽一帶的生麥，以免被諸葛亮收割了。曹叡都不聽從，前後多次派兵增加司馬懿的軍力，又派人保護上邽一帶的生麥。司馬懿後來與諸葛亮在上邽周邊相持，最後還是仰仗那些小麥作為軍糧。可見曹叡在軍事籌劃方面還是非常有眼光的。諸葛亮最後一次駐屯渭南與司馬懿相持，司馬懿以持久戰取得了最後的勝利，諸葛亮死在陣中。司馬懿因為對蜀戰爭的勝利逐漸掌握了軍隊實權，同時獲得了巨大的聲望。

但是曹叡濫用民力，大興土木，追求享受。他在洛陽大修宮殿，建造了昭陽、太極等巍峨壯觀的宮室。太極殿，高十多丈，上面又建造了翔鳳殿。曹叡還在芳林園中造陂池，楫棹越歌，又在後宮建立八坊，在其中儲備美女才人，品秩待遇和百官一樣。曹叡挑選知書識字的女子擔任女性尚書，處理朝廷的奏摺。後宮美女歌伎，多達數千人。曹叡就在這個安樂鄉中遊戲飲宴，讓博士官馬均製作指南車，製造水轉百戲供後宮娛樂。在這裡介紹一下馬均，他複製了已經失傳的指南車，還製作了翻車，解決了從低處向高處送水的問題，大大便利了農耕灌溉。馬均可算是魏晉時期科技發明第一人。

百姓為了滿足曹叡的興致，誤農時，重徭役。楊阜、高堂隆等大臣紛紛多次向曹叡進諫。曹叡對付勸諫者有自己的辦法，就是耐心聽完，

優待進諫的人，但就是不改正自己的缺點。太子舍人張茂在吳蜀邊界戰事不斷，將領們不斷征戰的情況下，對曹叡大興宮室，熱衷於玩飾，賞賜無度導致府庫空虛，又搶奪民女充斥後宮的行為上書勸諫。曹叡讀完張茂的奏章，誇獎了幾句，提升張茂擔任散騎常侍的虛職了事。

就在曹叡造土山、種香草的時候，已經是三朝老臣的司馬懿長年領兵在外，成為帝國的軍事支柱。整個曹魏時期雖然沒有出現宗室和後宮干政的情況，卻出現了大臣專權的危險。

曹叡沒有兒子，大臣們建議他在宗室子弟中過繼幾個兒子，作為繼承人。曹叡不聽，偏偏收養了一個來歷不明的曹芳做兒子，並由他繼位（當年曹操的父親曹嵩也是來歷不明，被大太監曹騰收養才姓的曹）。曹叡臨終遺命司馬懿為太尉，與宗室大臣曹爽共同輔政。曹爽是曹真的兒子，他為了奪權，表面上推舉司馬懿為太傅，私下卻行架空之實。司馬懿於是稱病，不預朝政，消除了曹爽集團的戒心。西元二四九年，曹爽陪同曹芳出洛陽城，拜謁魏明帝陵墓。司馬懿一舉收集舊部，封閉城門發動政變，誅殺曹爽集團各人，奪取了朝廷大權。史稱「高平陵之變」。

晉朝建立後，這場事變被描述為曹爽等人趁曹芳生病，開始出現無君不臣之心，密謀推翻曹氏政權，危及社稷，並策劃篡位。司馬懿為了拯救國家和曹氏家族，發動了政變。為此他殺了曹爽及其親信的整個家族，還株連至反對自己的力量。

事變後，司馬懿獨掌朝政。曹芳封他為丞相，將他的封地增加到十二個縣，邑二萬戶，並且授予他奏事不名的特權。該年十二月，朝廷為司馬懿加九錫之禮，授予他朝會不拜的特權。司馬懿覺得時機尚不成熟，堅持推讓了九錫。司馬懿拋棄虛名務求實利，致力於整個家族的權勢建設。司馬懿的孫子和姪子都受封為列侯，家族封侯者十九人。

二

　　司馬家真正露出篡位謀天下的野心是在司馬師廢曹芳的事件上。司馬懿病死後長子司馬師繼續掌權。司馬師比父親要外露凶狠，一心要建立司馬王朝。司馬家族的專權和司馬師對曹芳的緊逼不僅使曹芳極為不滿，也遭到了部分大臣的反抗。中書令李豐與皇后的父親、光祿大夫張緝等圖謀以太常夏侯玄為大將軍，替代司馬師，再逐步清除司馬家族的勢力。但他們沒有躲開司馬師的耳目，結果事情敗露，凡是牽涉其中的人都被誅殺。也許是殺人實在太多了，司馬師同時還大赦天下。在清理了朝臣後，司馬師正式向皇帝進攻，逼皇帝廢黜了皇后張氏。

　　曹芳的不滿是可以想見的。他將自己的這種不滿流露了出來，結果遭受了更大的打擊。

　　半年後，司馬師決定檢驗自身的力量，要廢去曹芳，另立新帝。他先是去見皇太后，逼太后下令：「皇帝曹芳已經長大了，卻不處理朝政，整日耽淫後宮內寵，沉漫女色，日延倡優，縱其醜謔；迎六宮家人留止內房，毀人倫之敘，亂男女之節。曹芳不忠不孝，日益悖逆，已經失去了做天子的資格，不能再做皇帝了。現在朝廷要告於宗廟，曹芳重新歸藩為齊王，以避皇位。」

　　司馬師馬上拿著皇太后令，召集公卿大臣會議。群臣大驚失色，又不敢做聲。司馬師流著淚說：「這是皇太后的命令，諸君對王室有什麼看法？」

群臣只好回答：「昔日伊尹為了商朝放逐了商王太甲，霍光廢黜昌邑王以安定漢朝。為了安定社稷撫慰四海，之前兩代都有先例。今日之事，全聽司馬明公的。」

司馬師要的就是這句話。他說：「諸君既然這麼推重我司馬師，我怎麼能推脫躲避呢？」於是，司馬師就帶著群臣，以朝野代表的身分操持起整個廢立大事來。他先是按照西漢霍光的先例，派人去收曹芳的璽綬，通知曹芳以齊王身分歸藩，又派司徒高柔為使節，告祀宗廟，通知曹家列祖列宗有關廢立的事情。

當天，年僅二十三歲的曹芳遷居西宮。司馬師派人持節護送他前往河內重門。曹芳立齊王府在重門，開始以藩王的身分度過自己的後半生。

《魏略》記載司馬師操作廢黜曹芳的時候，派遣郭芝入宮稟告皇太后。當時曹芳正在皇太后身邊。郭芝對曹芳說：「大將軍要廢黜陛下，立彭城王曹據為新皇帝。」事已至此，曹芳默默地離開，皇太后很不高興。郭芝說：「太后有子不能教。現在大將軍決心已定，同時率兵在宮門之外，以防不備。太后現在應當順應大將軍的意思，沒有其他可以說的了！」太后對郭芝的逼宮非常惱火，說：「我要見大將軍，我還有話說。」郭芝堅決地說：「為什麼要見呢？太后只需要速速取來璽綬就可以了。」太后沒有辦法，只好交出璽綬。不久，廢帝曹芳來向太后辭行。曹芳涕淚交下，悲傷地從太極殿南行，永遠離開了皇宮。群臣只有幾十個人流淚相送，其中就包括悲不自勝的司馬孚。司馬孚是司馬懿的弟弟，在嗜權的司馬家族中是個另類，讓親戚們頭疼不已。

曹芳走了不久，司馬師又派人來。太后說：「彭城王曹據，是明皇帝曹叡的弟弟，我的小叔子。現在立他為皇帝，我的地位怎麼處理？這

麼做，難道是想讓明皇帝絕嗣嗎？高貴鄉公曹髦更合適。曹髦是文皇帝曹丕的長孫，明皇帝曹叡的姪子。按禮，小宗有繼承大宗的規定。我小時候見過高貴鄉公，立他為新皇帝更合適。」

司馬師於是重新召集群臣商議，最後大家決定按照皇太后的意思迎高貴鄉公為新皇帝。司馬師表示同意，可能他覺得年幼的曹髦不會對自己構成大的威脅。當時出去迎接曹據即位的太常已經出發，兩天後到達溫縣時被緊急召回。朝廷最終改迎了曹髦。

司馬師廢曹芳的盛大演習獲得了巨大的成功，也向天下暴露了司馬家族的篡逆之心。忠於曹魏王朝的力量發動了多次反對司馬懿父子的反叛。先是都督揚州諸軍事王凌發動反對司馬懿的叛亂，兵敗自殺身亡。接著鎮東將軍丑丘儉、揚州刺史文欽再次起兵，連合東吳反叛。司馬師正病重，忍痛親征，斬殺丑丘儉，傳首洛陽，文欽逃奔東吳。繼任的揚州主將諸葛誕幾年後又起兵反司馬家族，殺揚州刺史樂，再次占據淮南一帶反叛。司馬昭親征，攻陷壽春城，斬殺諸葛誕。客觀說，三國後期內政都不清淨，內鬥不息。但司馬家族透過三次揚州戰役，血洗反對派，止住了內爭。曹魏的內亂起得急，也消得快，並沒有對司馬家族造成沉重打擊。

司馬父子執政，改變了前兩代大興土木，濫用民力和府庫積蓄的弊政，繼續大力推行富國強兵的策略。可以說，曹魏的國力持續增長，旗幟卻逐漸更換顏色。

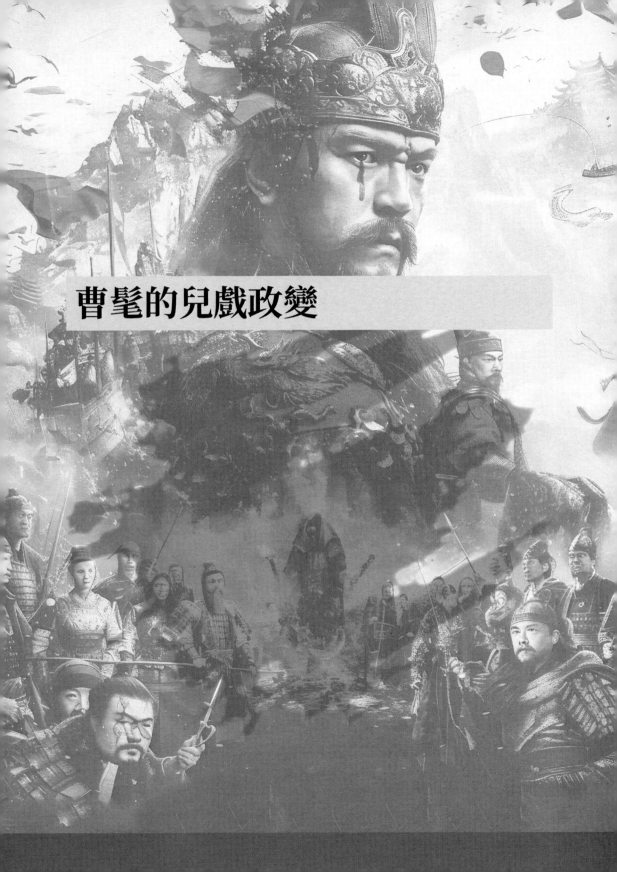

曹髦的兒戲政變

一

西元二六〇年的一天傍晚，洛陽城突降急雨。雨點由疏轉密，天空一片灰暗，間或有雷霆閃電。與宮外劈哩啪啦的雨聲相呼應，皇宮中也是一片鼓譟，人呼馬嘶，兵器相交。原來是魏帝曹髦「見威權日去，不勝其忿」，決定出宮親手殺掉權臣司馬昭。曹髦帶著冗從僕射李昭、黃門從官焦伯等宮廷侍官下了陵雲臺，穿上鎧甲，挑了兵仗，集合宮中士兵，要出討司馬昭。

宮中頓時大亂。侍中王沈、尚書王經、散騎常侍王業聞訊趕到。曹髦見三人到來，不等他們開口，大聲訴起苦來：「司馬昭之心，路人所知也。我忍受不了他的羞辱了，不能坐等被他廢黜。就讓我們君臣在今天解決此事。今日當與卿自出討之。」

王經誠懇地勸諫道：「昔日魯昭公忍受不了專權的季氏，結果敗走他方，失去國君之位，為天下取笑。現在國家大權操縱在司馬家族已經很久了。朝廷四方都有司馬家的親信爪牙，人們不顧逆順之理已非一日。皇上的宮廷宿衛兵甲寡弱，怎麼能夠作為成大事的依靠呢？兵勢一旦發起，就像病情可能非但沒有去除，反而會加深！甚至可能出現難以預料的災禍。請皇上詳加考慮啊！」曹髦聽到如此冷酷的現實分析，胸中怒火熊熊燃燒。他掏出懷中的板令狠狠地擲在地上，厲聲說：「我意已決。即使事敗身死，又有什麼可怕的呢？」

曹髦拋下三人，匆匆告別太后，率領宮中宿衛、官僮數百人，敲起戰鼓，出雲龍門而去。王沈、王業兩人見此，決定去向司馬昭匯報投

誠。他倆邀約王經一起去告密：「事已至此，我等不能自取滅族之禍，應該前往司馬公府自首，以免一死。王尚書同去否？」王經回答說：「主憂臣辱，主辱臣死。你們倆去吧，我不去了。」王沈、王業見勸不動王經，快步出宮，抄小路報告司馬昭去了。

這一邊，曹髦率領著數百僮僕，鼓譟而出。皇帝身披新甲，坐在車駕之上，手持寶劍，大呼殺賊，激勵士氣。中國歷史上還是第一次出現皇帝親自提刀上陣與大臣拚命的情景。司馬昭的弟弟屯騎校尉司馬伷正好有事入宮，在東止車門遇到震怒的曹髦和宮中的烏合之眾，大吃一驚。曹髦左右大聲喝斥他，司馬伷一行慌忙躲避而走。曹髦「旗開得勝」，對這次肉搏的前途更有信心了，於是他喊得更響了。隨從們受到感染，旗幟和兵器也揮舞得更歡了。

在皇宮南闕下，得到消息的司馬昭黨羽已經在中護軍賈充的率領下，集合軍隊，列陣迎戰了。司馬父子常年掌握軍隊，集合的軍隊戰鬥力自然不是曹髦的烏合之眾可以比擬的。賈充見到宮中緩緩出來一支不倫不類的軍隊，嗤之以鼻。他主動反擊，帶兵自外而入，撲向曹髦軍隊。曹髦的軍隊見狀就潰散後退了。

曹髦急了，高喊：「我是天子，誰敢攔我！」他揮舞著寶劍，左右亂砍。司馬一邊的將士見小皇帝赤膊上陣，不知所措，只好小心躲避，不敢進逼。宮中士兵和僕人們見狀，又聚集起來，向宮外繼續前進。兩邊軍隊保持若即若離的距離，開始膠著。曹髦認為這是上天保佑曹家，自己身為天子，天下無敵，更加起勁地舞劍向前衝。

司馬家一邊的軍隊慌亂躲避，形勢開始不利於司馬昭了。在司馬一邊的太子舍人成濟跑過去問賈充：「事情緊急了！中護軍，怎麼辦？」賈充惡狠狠地說：「皮之不存，毛將焉附。司馬家如果失敗了，我們這些人

還會有好下場嗎？還不出擊！」他對周圍的士兵高喊：「司馬家養你們這些人，就是用在今天的。今日之事，沒有什麼可以遲疑的！」成濟略一思考，說：「沒錯！」接著挺起鐵戈，向曹髦刺殺過去。

曹髦毫無防守之力，被成濟的長矛從胸中進去，於背部出來，血濺宮牆，當即身亡。這位被稱為「才同陳思，武類太祖」的小皇帝以這種罕見卻可以理解的，高貴而又屈辱的方式結束了自己年僅二十歲的生命。一場宮闈驚變就此結束。

曹髦是中國歷史上第一個赤膊上陣、親手去刺殺權臣的皇帝，但是他失敗了。古代歷史上的另一位個人英雄主義皇帝是北魏的元子攸。他雖然殺了權臣，但並沒有解決權臣當國的問題。相對於當國權臣來說，生長於深宮的皇帝最大的武器就是自己的血統。「皇帝」的金字招牌還是可以嚇住絕大多數人的。比如曹髦在打鬥中，他的皇帝光芒就發揮了相當大的作用。遺憾的是，這是他們唯一的武器，而且是不斷鈍化的武器。隨著權臣權勢的鞏固和人們對皇室的失望，皇帝的光芒就逐漸黯淡了。更要命的是，對於那些權臣的黨羽來說，他們的利益是與皇帝的利益截然相反的。成濟之所以敢在眾目睽睽之下刺殺皇帝，就是因為被賈充提醒了這一點。

二

曹髦本來是無緣於皇位的，僅僅是高貴鄉公。六年前（曹魏嘉平六年，即二五四年），魏帝曹芳被司馬師廢黜，降封為齊王。曹髦因為是曹丕嫡孫，被選為新皇帝。當時曹髦才十四歲。雖然年少，但是由於過早

目睹了家庭變故、宮廷爭鬥和皇室日衰的政治現實，他顯露出了與年齡極不符合的成熟和世故。正史豔稱他「才慧夙成」，「有大成之量」。

曹髦從外地風塵僕僕趕到洛陽的時候，群臣迎拜於西掖門南。曹髦在門口下轎，要向各位官員回拜還禮。禮賓官員阻攔說：「禮，君不拜臣。」曹髦回答說：「我並未登基，現在也是人臣。」最後，曹髦在城門口向群臣恭敬還禮。進城來到皇宮止車門前，曹髦又下轎步行。禮賓官員又說：「天子有資格車駕入宮。」他又說：「我受皇太后徵召而來，還不知所為何事。」曹髦步行到太極東堂，拜見太后。曹髦謹慎得體、大方穩重的言行贏得了朝野的稱讚，史稱「百僚陪位者欣欣焉」。

曹髦不僅會說話辦事，而且個人能力非常出眾。古代考察一個人的能力主要是看他對儒家作品的理解程度和在書畫方面的造詣。曹髦雖然年紀輕輕，卻能在太學裡與年長的儒者們談論《易經》、《尚書》及《禮記》，而且能談出新意來。同時曹髦還是古代歷史上有名的畫家，畫跡有〈祖二疏圖〉、〈盜跖圖〉、〈黃河流勢圖〉、〈新豐放雞犬圖〉、〈於陵仲子像〉、〈黔婁夫妻像〉。評論家說他的作品「其人物故實，獨高魏代」。

也許是個人素養之高，讓曹髦覺得自己應該承擔起興復皇室的重任。為了收復已經渙散的人心，革清政治，曹髦在即位初就派遣侍中持節分巡四方，觀察風俗，慰勞百姓，糾察失職官員。他以身作則，一改祖父輩大興土木、奢侈享樂的風氣，「減乘輿服御、後宮用度，及罷尚方御府百工技巧靡麗無益之物」。為了贏得軍隊的好感，曹髦多次下詔哀悼軍隊傷亡的將士，安撫那些飽經戰火創傷的地方。但是他能做的也僅僅是這些象徵性的舉措而已，司馬昭牢固掌握著朝廷實權，曹髦還是逃脫不了金絲籠中鸚鵡的命運。中興的欲望和現實的壓抑之間的巨大差距造成了曹髦心理失衡，加上血氣方剛，他就上演了赤膊上陣身亡殉位的一幕。

在曹髦剛登基的時候，司馬師曾經私下問親信：「新皇上是什麼樣的一個人呢？」一旁的鍾會回答說：「才同陳思，武類太祖。」鍾會是大世族大官僚家族出身，他將曹髦與曹植和曹操的文才武略相比，可見對曹髦的能力評價之高。司馬師聽完，輕聲說道：「如果真像你說的這樣，社稷有福了啊！」實際上，他用凝重後悔的眼神注視著弟弟司馬昭，心想：「這回，我們哥倆可能選錯了人。」

現在曹髦在進攻的路上被自己的黨羽當眾刺死了，司馬昭聽到消息後大驚失色，喃喃自語道：「天下將怎麼看我啊？」

司馬昭所謂的天下其實是指天下的世族大家們，沒有權臣會對普通小百姓的感受投入過多的關注。東漢開始興起的世族勢力在三國曹魏時期得到了膨脹，他們擁有強大的政治經濟力量，一些家族世代壟斷某些官職。司馬家族本身就是大世族，又是依靠北方世族的支持壯大的政治勢力。現在小皇帝暴亡，而且是被自己間接殺死了，世族大家們怎麼對待這件事，司馬昭心中沒底。

司馬昭先跑到宮裡去，對著曹髦的屍體放聲大哭了一場，然後下令召集貴族百官，商量對策。他畢竟對突然的變故心虛，極需要將這件事情盡快擺平。他下令收殮皇帝屍首，開始操辦喪事。多數貴族百官都應召來到皇宮，像什麼事情都沒有發生一樣，對皇帝的「駕崩」悲傷欲絕。少數貴族官員沒有來到，其中就包括大世族出身的陳泰。

司馬昭極需要所有世族的支持。他一而再、再而三地派人去召陳泰入宮，理由是皇帝突然駕崩需要會集大臣商議，雙方都知道真正的原因是什麼。司馬昭不需要說什麼，多次派人催請就是他最明顯的態度了；陳泰也不需要問什麼，去還是不去也是他最明顯的態度了。最後，陳泰還是去了皇宮，這是天下政治力量對比的客觀結果。

司馬昭緊張地握著陳泰的手，問道：「天下將怎麼看我啊？」

陳泰冷靜地回答說：「斬賈充，才能稍微平息天下人的議論。」

這段對話發生在兩個政治高手之間。司馬昭開門見山地刺探陳泰對自己的支持程度。陳泰不追究皇帝的真正死因，只是要求殺賈充以謝天下。他要求殺賈充既是對曹魏王朝做個交代，也是尋個心理安慰。整個對話簡潔而直入主題。但是賈充是司馬昭的心腹，為司馬昭解決了曹髦進攻的難題，是有功之臣。更重要的是，賈充也是一大世族。殺賈充來掩飾自己的罪行對司馬昭來說，代價太大了。因此他不同意陳泰的建議，他還需要賈充這個得力助手協助完成代魏的過程呢！

因此，司馬昭又問陳泰：「殺其他人，行嗎？」

陳泰堅決地說：「但見其上，不見其下。」皇帝的死事關重大，只能殺官居高位的人，而不能找一兩個嘍囉頂罪。

司馬昭決定拋開陳泰，強硬擺平這件事情。他高聲宣布：「成濟弒君，罪大惡極，應誅滅九族！」

成濟當時正站在司馬昭一旁，可能還在想著自己會接受什麼樣的獎賞，萬萬沒想到等來的會是這個結果。他當即急了，大聲嚷起來：「成濟只是奉命行事而已，罪不在我！」

司馬昭不等成濟說出更難聽的話來，示意將他立即拖出去。兵士湧上來，堵住成濟的嘴，架了出去。成濟全家因刺穿曹髦的那一矛當即被族誅了。司馬昭再以為臣不忠，禍亂朝政的名義將沒有向自己報信的王經族誅。接著，司馬派勢力迅速地籌辦起皇帝的喪事來。

必須承認，司馬昭對此事的處理並不完美。他以殺戮來掩蓋弒君的真相，反而給人掩耳盜鈴、自欺欺人的感覺。從王經死的時候到現在，曹髦死亡的真相一直就不是什麼祕密。司馬懿的弟弟、司馬昭的叔父司

馬孚當時就反對姪子的處理方法。曹髦遇害初期，百官因為司馬昭的態度不明，沒人敢奔赴現場悼念皇帝。司馬孚卻第一時間趕到現場，撫著小皇帝的屍體大哭，邊哭邊說：「殺陛下者，臣之罪。」

司馬孚與人云亦云地參加喪禮的其他人不同，上奏要求追究殺君主謀之人。司馬昭不理會自己的叔叔。當時太后和司馬昭商量，以平民之禮埋葬曹髦。司馬孚堅決反對，拉著一批大臣上表要求以王禮安葬曹髦。最後太傅司馬孚、大將軍司馬昭領銜，眾大臣將此事定性：「故高貴鄉公悖逆不道，自陷大禍。現在朝廷依西漢昌邑王因罪被廢的先例，以平民之禮埋葬他。臣等身居高位，卻沒有避免這樣的禍亂發生，真是肝膽破裂。太后仁慈過隆，臣等心有不忍，特加恩以王禮安葬高貴鄉公。」也就是說，曹髦死後被稱為他之前的封號：高貴鄉公。他的死被歸為他的道德缺陷，是咎由自取。因此朝廷將他廢黜，以平民之禮安葬。但因為太后可憐他，所以升格為親王的葬禮。

幾天後，高貴鄉公曹髦在洛陽西北三十里的瀍澗之濱安葬。沒有貴族和大臣送行，沒有旗幟禮樂，整個行列只有幾乘破敗的車輛。有許多百姓圍觀，指指點點。有人說：「這就是前幾天被殺掉的天子。」說完，有人掩面而泣。南朝的裴松之在注釋這段歷史的時候，感嘆地說：「司馬昭做得太過了，這哪是王禮安葬啊？」

前人種地後人收

一

曹髦兒戲政變失敗，曹魏王朝已經在實質上滅亡了。司馬昭殺死了皇帝，竟然沒有人質問一下，就被輕易遮蓋過去了。司馬昭黨羽遍布朝野，從司徒尚書令到太守縣令都唯司馬昭馬首是瞻。強弱對比和人心向背，可見一斑。司馬昭之心，路人皆知！

曹髦的死，是突發事件，不在司馬昭的計畫之內。司馬昭尚未準備好走上檯面，決定迎立常道鄉公曹奐為新皇帝。曹奐的輩分很高，是曹操的孫子，燕王曹宇的兒子，與曹叡是同輩，是曹芳和曹髦的叔叔。西元二五八年，曹奐受封安次縣常道鄉公。司馬昭派去迎接曹奐的使節是自己的兒子司馬炎。司馬炎因迎立之功升任中撫軍，進封新昌鄉侯。這是曹奐與司馬炎的第一次見面。

二六○年夏六月，司馬炎進封大將軍司馬昭為相國，封晉公，封地為十個郡；朝廷還為司馬昭加九錫之禮。司馬家族旁支的子弟中還沒有封侯的人全部封為亭侯，賜錢千萬，帛萬匹。司馬昭表示退讓，這樣大規模的封賞行為才沒有付諸實現。六月分還發生了一件小事。漢獻帝的夫人到那時才逝世，曹奐親自過問了這位遜帝夫人的喪事。曹奐派人追謚夫人為獻穆皇后，以漢朝皇后之禮安葬獻穆皇后。

二六三年夏四月，肅慎向曹魏貢獻楛矢、石砮、弓甲、貂皮等物品。天子讓人把這些都送到大將軍府去。按禮，周邊國家和民族朝貢的貢品，只有天子才有資格接受。司馬家族接受貢品此舉，將替代之心明示天下了。

肅慎朝貢的小事被當年發生的大決策給掩蓋了。當年司馬昭派鍾會、鄧艾、諸葛緒率大軍分三路攻蜀。姜維當時正避禍隴上沓中，率軍退回劍閣抵抗鍾會軍。在東部兩路沒有進展的情況下，西路的鄧艾從隴上輕裝出陰平道，冒險越過七百里無人之地，突發奇兵攻下江油、涪城、綿竹等城池，進逼成都。蜀漢後主劉禪派諸葛亮之子諸葛瞻率軍阻攔，諸葛瞻兵敗身亡。劉禪聞訊出降，蜀亡。

　　最初鍾會出伐蜀漢的時候，西曹屬邵悌對司馬昭說：「鍾會這個人不可信任，不能讓他出征。」司馬昭笑著說：「取蜀易如反掌。但是討論的時候眾人都反對討伐，只有鍾會與我的意思相同。滅蜀之後，北方的將士人心思歸，蜀漢的遺民心懷震恐，即使鍾會有異志，也無能為力了。」事態的發展完全在司馬昭的預料之內。由此可見司馬昭的政治眼光和能力。中國古代歷史上的多數權臣都是能力出眾的個人，相反末代皇帝中很少有可與之匹敵的人選。

　　二六四年三月，司馬昭因為滅蜀的大功勞被封為晉王，增封十個郡。晉國轄地達到二十個郡之多。兩個月後，曹奐追加司馬懿為晉宣王，司馬師為晉景王。司馬家族完成了王室譜系的建設。同時司馬昭透過朝廷制度改革來加強自身權威。他奏請司空荀定禮儀，中護軍賈充正法律，尚書僕射裴秀議官制，太保鄭沖總負責，曹魏開始建五等爵位。

　　司馬昭本來想死後將權力傳回哥哥司馬師一系去，經過親信勸諫後，他猶豫再三，最終立中撫軍、新昌鄉侯司馬炎為晉王世子。

　　二六五年春二月，有藩屬貢獻貢品，再次歸之於相國府。四月，南深郡澤縣出現甘露祥瑞。這一切似乎都預示著本年是一個不平凡的年分。五月，司馬昭走到了距離皇帝寶座的最後一級臺階。曹奐命司馬昭配十二旒的王冕，建天子旌旗，出警入蹕，乘金根車、六馬，備五時副

車。晉王王妃晉封為王后，司馬炎由世子改稱太子。遺憾的是，司馬昭的生命也開始走向了末路。朝廷為此大赦，希望挽回相國的生命。然而到了八月，相國、晉王司馬昭還是死去了。司馬昭生前，曾經有人勸說他稱帝。司馬昭指指司馬炎，然後對勸說他的人說：「魏武帝曹操也沒有稱帝。」他給自己的人生定位就是做曹操這樣的幕後英雄，也的確為太子司馬炎留下了扎實的政治基礎。

二

在司馬昭逝世的當月，襄武縣傳言出現了一個巨人，有三丈餘高，足跡長三尺二寸，白髮，黃單衣，黃巾。這個巨人拄著枴杖說：「今當太平。」

司馬炎就是在這樣的傳言中繼承父親爵位、總攝朝政的。一切都非常平穩，就像父親當相國時一樣。九月朝廷大赦。接著司馬炎建立了晉國的官員系統，以司徒何曾為丞相，以驃騎將軍司馬望為司徒，征東大將軍石苞為驃騎將軍，征南大將軍陳騫為車騎將軍。之後，司馬炎再為司馬昭舉辦了隆重的葬禮。

期間，康居、大宛進獻的名馬，依然是送到相國府中。朝廷的說法是為了嘉獎相國司馬家族的懷柔萬國、安定天下的功勳。

一切都很明朗，最後的受禪只是程序問題了。《晉書》和《三國志》中都對最後的禪讓儀式一筆帶過。我們綜合各本史書和《三國演義》的描寫，能夠大致還原當時的情景：

司馬炎與何曾、賈充等親信商議前途舉措。賈充等人勸道：「魏國天數已盡。臣等去勸說曹奐不可逆天而動，按照漢獻帝的先例重修受禪臺，具大禮禪位與晉王。晉王您應該上合天心，下順民情，早登大位。」司馬炎在親信的勸說中下定了最終的決心。

曹奐不是傻子，非常清楚自己就是魏國的末代皇帝了。隨著司馬家族勢力日益飛揚跋扈，曹奐心驚膽顫地等待著最後審判的來臨。這一天，司馬炎率領何曾、賈充等人，沒有得到召見便進宮來。曹奐慌忙起身迎接。司馬炎問他：「魏國的天下是誰在出力維持？」

曹奐回答說：「皆賴晉王父祖三代之力。」

司馬炎點點頭。賈充冷冷地說：「陛下文不能論道，武不能經邦。天下深知魏室已經失職很久了，而歸心於晉王一家。陛下何不禪位於才德出眾的司馬家族？」

曹奐雖然將這最後的判決設想了許多次，但真正面對這樣的結果還是不能立即接受。他一下子愣在那，不能言語，許久才點頭同意。賈充等人立即修築受禪臺。大家挑選了十二月甲子日作為受禪典禮的舉行日。

當日，文武大臣和藩屬使節雲集受禪臺周圍。曹奐孤孤單單地捧著傳國玉璽，站在臺上，默然地看著周邊的一切。四十五年前，他的伯伯曹丕就是這個臺上的主角，等待著漢獻帝把玉璽交過來。如今，他也成了主角，不過是處在漢獻帝的角色上。群臣都在恭請晉王司馬炎登臺，沒有人關注他。司馬炎在眾人的矚目中緩緩地登上臺來。曹奐將玉璽傳給他，走下臺去，穿上官服站在群臣的列首。司馬炎則端坐臺上。曹奐帶頭跪拜司馬炎，行君臣大禮。群臣在他行禮後，三呼萬歲，也行起君臣大禮。這一刻，中國換了統治者。

《三國演義》中有賈充執劍令曹奐伏地聽命的情節。賈充狐假虎威，說的一段話值得後人回味。他說：「漢建安二十五年，魏受漢禪，至今已經四十五年了。現在曹魏天祿已終，天命轉移到了晉室。司馬氏功德彌隆，極天際地，即皇帝正位，以紹魏統。新朝封你為陳留王，出居金墉城。立即起程，非宣詔不許入京。」這段話突出了因果報應的意味，也表現了司馬家族的無情。

時任魏國太傅的司馬懿弟弟、司馬炎叔祖父司馬孚見到此情此景，在曹奐身前跪倒哭泣說：「臣司馬孚，生為魏臣，終身不背魏。」情景感人。司馬炎因為司馬孚是本家長輩，也不能將他怎麼樣。司馬炎的親信慌忙將他拉開。

司馬孚這個人溫厚謙讓，讀了很多經史方面的書，是個君子。漢末亂世中，司馬孚與兄弟幾人有時也處在危亡之中，但是他粗茶淡飯，與世無爭，堅持讀書不倦。司馬孚成年後，正直清白，從不與人結怨，也沒擔任什麼實職。朋友曹植負才傲物，司馬孚就勸他不要鋒芒太露。曹植起初不聽他的話，在經過滄桑歲月的洗禮後，終於覺得司馬孚的話是對的。兩人保持了終生的友誼。司馬懿父子執政後，司馬孚因為是血親，位居高位。但是司馬孚對哥哥姪子們的執政是有意見的，常常自我退損，不參與紛爭。孫子輩的司馬炎圖謀受禪的過程，司馬孚也沒有參與。司馬師、司馬昭對這個忠於魏室的叔叔很頭疼，但又不敢進逼，只能進封他為長樂公。司馬炎即位後，更是不敢進逼。

話說受禪禮完畢後，司馬炎回到洛陽皇宮，在太極前殿正式宣布登基，國號為晉，改元泰始，大赦天下。司馬炎定都洛陽，史稱西晉。司馬家族最後成為天下的主人。

曹奐禪位後，降封為陳留王；魏氏諸王都降封為縣侯。曹奐的陳留

王規定位在三公上。晉朝割十縣土地三萬戶人口建立陳留國。曹奐上奏可以不稱臣，接受詔書可以不拜，依然保持天子車服和飲食，郊祀天地的時候繼續使用魏國正朔。後來又規定，陳留王排位在皇太子之上。司馬炎對曹奐還算寬大，不像後世受禪的皇帝一樣對遜帝刀殺藥毒，而是讓曹奐平穩地度過餘生。他和漢獻帝劉協都算是結局比較好的遜帝了。

曹奐遜位時年僅二十歲，被安頓在金墉城（今洛陽市內）居住。不久，司馬炎又命曹奐遷居鄴城。曹奐在鄴城又生活了三十六年，於三〇二年病死。曹奐死後諡號為元帝。史家還習慣稱他為常道鄉公。這位末代皇帝被葬於鄴城東南五公里處，現在臨漳縣習文鄉趙彭城村西還有曹奐墓封塚。這個陳留國在曹奐死後依然留存。後來晉朝大亂，中原陷入異族之手。曹奐的後代跟隨西晉王朝南遷，繼續做東晉的臣子。陳留國在南方復國，傳國到南齊。

司馬孚一直堅持自己的信仰和忠誠。西晉建立後，朝廷規定沒有就藩的親王是不能設定一系列王國的官屬的。司馬孚被封為安平王，但留在首都，沒有直接治理封地，沒有必要設定完備的官屬，但是司馬炎特許他配置完備的安平王國官員，以為皇室親善的榜樣。司馬孚的輩分實在太高了，內有親戚，外有交遊，經常入不敷出。司馬炎就又為他增加了兩千匹絹的俸祿。每到朝會的時候，朝廷特允許司馬孚乘車上殿，司馬炎親自出宮殿在臺階下拜迎。司馬孚坐定後，司馬炎親自捧觴上壽，行家人禮，而不行君臣之禮。

司馬孚雖然在新的王朝裡備受尊崇，但不以為榮，常常面帶憂慮神色。每次皇帝司馬炎向他行家庭拜禮的時候，司馬孚都要跪地阻止。臨終，司馬孚交代的遺令幾乎就是自己寫給自己的墓誌銘：「有魏貞士河內溫縣司馬孚，字叔達，不伊不周，不夷不惠，立身行道，終始若一，當

以素棺單槨，斂以時服。」（魏國忠臣溫縣司馬孚，字叔達，一生不偏不
祖，安身立命，恪守道德，始終如一。死後用薄棺材和平常的衣服入殮
即可。）司馬孚死於泰始八年（二七二年），時年九十三歲。這在古代中
國，算是極其高壽了。司馬孚對魏國的忠貞固然是信仰使然，其中更有
對自家在奪權過程中殘殺過度的反對和擔憂、害怕的情緒作用。

三家歸晉

一

　　西晉建立後的頭十五年，都沒有統一天下，而是和江南的東吳隔江對峙。

　　孫權晚年，東吳賦役苛重，吳國社會矛盾加劇。晚年的孫權「性多嫌忌，果於殺戮」，搞得朝臣人人自危。孫權死後，統治階層爭奪權力，爆發了一連串的宮廷內爭和帝位更迭，國家開始陷入混亂。孫權之後是孫亮，孫亮之後是孫休。孫休臨死時，指定丞相濮陽興、左將軍張布為顧命大臣，讓他們輔助太子繼位。當時蜀漢初亡，東吳南部交阯叛亂，國內震懼，需要年紀大一些的君主。濮陽興、張布看到太子年幼，竟然違抗孫休遺詔，迎立孫權之孫烏程侯孫皓為皇帝。西元二六四年，孫皓稱帝。他雖然是成年人，但胡作非為，絲毫沒有扭轉東吳的內憂外患，卻讓混亂進一步加劇。

　　孫皓是出了名的暴君，還動不動就敲碎大臣腦袋，殺人如麻。濮陽興、張布很快就後悔了，可惜還沒找到後悔藥就被孫皓砍了腦袋。孫皓還豪奢鋪張，盡情享樂，好酒色、興土木，搞得吳國「國無一年之儲，家無經月之畜」，人民揭竿而起，朝臣離心離德。孫皓對西晉的威脅，毫無戒心，還好大喜功，主動派兵攻晉，但多因草率而無功。名將陸抗認為晉強吳弱，不止一次上書反對主動攻晉，要求加強備戰，他還預見到晉兵會從長江上游順流而下，特別要求加強建平（今湖北秭歸）、西陵（今湖北宜昌東南、西陵峽口）的兵力。可是孫皓迷信長江天險可保平安，從未認真在戰備上下功夫。

二六九年，西晉派大將羊祜坐守軍事重鎮荊州，主持對吳作戰。羊祜坐鎮荊州後，減輕賦稅，安定民心，採取了「以善取勝」的策略。羊祜每次交戰都告知東吳時間，從不發動襲擊。對於主張偷襲的部將，羊祜一律賞酒灌醉。西晉部隊越境搶糧作為軍糧，但每次都留下相同價值的絹作為交換。羊祜遊獵的範圍也往往局限於西晉境內。同時，羊祜向吳軍大施恩惠。由於孫皓揮霍無度，部隊士兵常常領不到軍餉，連飯也吃不飽。羊祜命人向吳軍送酒送肉，瓦解吳軍。於是，不時有吳軍前來投降，羊祜下令說：吳軍來要歡迎，走要歡送。有一次，吳將鄧香被晉軍抓到夏口，羊祜部下堅持要殺掉他，羊祜不但不殺鄧香，而且還親自為其鬆綁，把鄧香送了回去。有時，吳軍狩獵打傷的野獸逃到了晉軍領地，晉軍也把這些野獸送到吳軍帳內。因此，東吳和西晉兩軍不像敵人倒像是友軍，和睦共處。東吳官兵大多對晉軍抱有好感。

羊祜的對手是鎮守江陵的東吳大將陸抗。陸抗出身東吳世族，孫皓對陸抗非常客氣，除了不採納勸諫外，放手讓他負責西段軍事。陸抗到任後，積極採取守勢，鞏固長江防線。

陸抗和羊祜兩人交手，多數是在打「心理戰」，留下了許多惺惺相惜的佳話。陸抗一次生病竟然向羊祜求藥，羊枯馬上派人送藥過來，並說明這是自己新配製的藥，還未服，先送給陸大將軍吃。部將擔心其中有詐，勸陸抗勿服，陸抗認為「羊祜豈鴆人者」，放心服下。同樣，陸抗送給羊祜的酒，羊祜也飲之不疑。這看似奇怪，實際上卻是兩軍在打道德戰、士氣戰，比的是意志。陸抗就告誡將士：「彼專為德，我專為暴，是不戰而自服也。各保分界而已，無求細利。」陸抗掌軍時，東吳並未在心理戰上分毫輸給西晉。

陸抗在勉力維持，孫皓又在後面搗亂。貪小便宜的孫皓多次派軍入侵晉國邊界，取得一些小成績，沾沾自喜，大吹大播。陸抗認為此舉驚

擾邊界百姓，有弊無利，上書勸諫說：「宜暫息進取小規，以畜士民之力，觀釁伺隙，庶無悔吝。」孫皓還是不採納，相反對陸抗和羊祜的做法很不理解，派人責問。陸抗回答：「一邑一鄉，不可以無信義，況大國乎！臣如果不這麼做，正是彰顯羊祜之德，滅了我方威風。」

但孫皓還是為陸抗帶來了大麻煩。鳳凰元年（二七二年）夏天，暴戾無道的孫皓逼反了陸抗的部下——昭武將軍、鎮守西陵的步闡。步闡世代為將，不忍孫皓迫害，以本部兵馬和西陵城向晉武帝司馬炎投降，並送姪子為人質，向西晉求援。司馬炎任命步闡為衛將軍，兵分三路予以支援：命荊州刺史楊肇進入西陵協防步闡，命車騎將軍羊祜率五萬軍隊進攻江陵，命巴東監軍徐胤率水軍進攻建平。西陵是四川出三峽的第一站，也是東吳長江防線的最西站。它的淪陷，將動搖整個長江防線。陸抗抽調西線各處兵馬，日夜兼程進圍，要不惜一切代價奪回西陵。

到了西陵，陸抗不急著攻城，而是命令各軍在西陵外圍構築高牆，阻斷步闡和西晉援軍的聯繫。築牆的工程量巨大，時間又緊迫，東吳官兵晝夜築圍，非常辛苦。諸將多有怨言，紛紛勸陸抗說：「現在三軍銳氣正盛，可以速攻步闡，不等西晉救兵來西陵城就能攻下。何必大造圍牆，浪費勞力和物資呢？」陸抗說，西陵城地處險要，之前又把城牆修得牢固無比，還儲存了大量糧草和守城器械，都是陸抗親自督辦的。現在如果一味猛攻，不僅城池攻不下來，等西晉援軍來了就要內外受敵，沒法抵禦了。宜都太守雷譚不聽，言辭懇切，請求進攻。陸抗為了讓大家了解實情，同意雷譚帶部分軍隊攻城，結果大敗而歸。眾將這才相信西陵不易攻破，轉而加緊修築圍牆，在西晉援軍到來前將西陵城團團圍住。

西陵戰鬥還膠著著，羊祜的五萬大軍到達江陵了。眾將請求陸抗去江陵督戰。陸抗再次力排眾議，以為江陵的情況和西陵類似，城牆堅

固，兵精糧足，西晉短時間內攻不下來。即使敵人占領了江陵，孤城也守不住，損失不大；如果西陵落到西晉手裡，整個長江防線就破了，「吾寧棄江陵而赴西陵，況江陵牢固乎？」所以，陸抗堅持趕赴西陵督戰。當年年底，西晉楊肇部終於抵達西陵，徐胤的水軍也進抵建平。陸抗分兵防守這兩支敵軍，還派人防備羊祜南渡、攔截徐胤水軍順流東下，自率大軍依靠搶險修好的圍牆與楊肇對峙，以待戰機。

　　吳將朱喬、都督俞贊失去信心，叛逃晉軍。陸抗說：「俞贊軍中多舊吏，知道我軍的虛實，我常擔心某地防守有漏洞，敵人知道後肯定會先攻此處。」陸抗連夜撤換那處地方的軍隊，替換上精兵強將。第二日，楊肇集中兵力進攻那個防區弱處。陸抗指揮反擊，打敗晉軍。僵持到年關將近，楊肇計窮，在夜幕掩護下逃走。陸抗怕追擊後圍城力量空虛，被步闡出城襲擊，所以只擂鼓佯做追擊。楊肇卻被嚇破了擔子，丟棄鎧甲狂逃。陸抗只派出一隊輕兵追擊，竟然將晉軍逼回四川。羊祜本來就是掩護部隊，知道主力失敗後主動撤兵。

　　西陵最終被西晉各軍拋棄，陸抗開始督率軍隊猛攻狂打，很快就攻克了西陵，俘殺步闡及其部屬數十人，全都誅滅三族。城內數以萬計的脅從者被赦免。陸抗重新修治了西陵城池後，陳軍東還。雖然勝利凱旋，陸抗卻「貌無矜色，謙沖如常」，因功加拜都護。

　　鳳凰三年（二七四年）西晉益州刺史王濬在巴蜀大造戰船，訓練水軍。部分造船材料和木屑順流而下，被東吳守軍獲得。吳建平太守吾彥取之以呈孫皓說：「晉必有攻吳之計，宜增建平兵。建平不下，終不敢渡。」當時陸抗已經病重，仍堅持上書說：「西陵和建平兩城是國家的屏障。如果敵人泛舟順流而下，瞬間就能到達這兩地，我軍根本來不及救援。此乃社稷安危之機，非徒封疆侵陵小害。臣父陸遜曾以為西陵是國

家的西門，若有閃失，非但失一郡，整個荊州都不再為東吳所有。如果西陵有事，我們當傾全國之力爭之。臣所統地區方圓千里，四處受敵，外禦強敵，內懷百蠻，內在已經弊端重重，羸弱不堪，難以待變。乞求朝廷加以充實，補足疆場受敵的損失，讓臣所部兵馬滿員八萬，省息眾務，信其賞罰。如果軍隊不增，制度不改，而欲克諧大事，此臣之所深戚也。臣死之後，乞以西方為屬。」陸抗抱病直言，深深憂慮局勢，隱隱中看到了東吳兵敗國亡的命運。但強烈的責任感讓他不能不犯顏直諫。可悲的是，孫皓對陸抗、吾彥的建議和警告，一概不予重視。孫皓依然置之不理。陸抗在當年死去，從此東吳再無良將。

羊祜苦心經營荊州，志在滅吳。但陸抗在世時，他知道不容易成功，就沒有發起進攻。陸抗一去世，羊祜便上疏請命伐吳。他說：「今江淮之險不如劍閣，孫皓之暴過於劉禪，吳人之困甚於巴蜀，而大晉兵力，盛於往時。」羊祜預測滅吳要比滅蜀容易。賈充、荀勗、馮紞等人竭力反對伐吳。司馬炎將伐吳之議擱置。羊祜聞訊感嘆：「天下不如意事，十常七八，天與不取，豈不令人抱憾！」咸寧四年（二七八年），羊祜抱恨去世，臨終舉薦杜預繼任。

二

西晉內部在伐吳問題上呈現出完全相反的兩派意見。賈充、荀勗等人明確反對伐吳，認為東吳有長江天險難以取勝，當年曹操率幾十萬得勝之師就大敗而歸。在之前的歷史上，還沒有人征服過長江天險。賈

充、荀勖等人精於權謀，爭權奪利是高手，卻疏於大勢，不是大氣的政治家。他們這一派人掌握著中樞實權，和司馬炎關係很近，所以在伐吳問題上占據了上風。

順帶說一句，西晉的天下由陰謀篡位而來，開國君臣並無經過征戰磨礪。大臣中有很多賈充、荀勖這樣的人，政治操守和素養都欠佳。

張華、杜預、王濬等伐吳派，一再上疏求戰。咸寧五年（二七九年），益州刺史王濬上奏：「臣作船七年，日有朽敗；臣年七十，死亡無日。」西晉建立已經十四年了，王濬等伐吳將領等待多年，實在是再經不起歲月的無情流逝。杜預也從襄陽七次上疏，尖銳地指出賈充等人既不同意出兵伐吳，又說不出用兵必敗的理由，只因為一些大臣反對用兵就耽誤天下統一大業，實在不應該。杜預的奏摺遞到之時，司馬炎正在和張華下棋。張華見了，推開棋盤說：「陛下聖武，國富兵強，吳主淫虐，誅殺賢能，當今討之，可不勞而定，願勿以為疑！」沒有不想一統天下的皇帝，司馬炎更是開國皇帝，本來就有意伐吳，如今被伐吳派一激，終於下定了伐吳決心。

同年，備戰多年的晉軍大規模伐吳。二十萬晉軍水陸並舉，杜預率荊州之兵在湖北渡江，司馬伷、王渾等率軍東出江淮，王濬率益州水軍出三峽順江而下。司馬炎任命賈充為大都督，統帥伐吳各軍。賈充缺乏軍事才幹，又對伐吳沒有信心，推說自己年老體弱不肯受命。司馬炎堅持不收回成命，說賈充如果不率兵出戰，皇上就要御駕親征了。賈充無話可說，只好赴任。

各路晉軍直撲東吳。卻說荊州東吳在巫峽釘下了無數個鋒利無比、長十餘丈的鐵錐，中間用粗大的鐵鏈相連，封鎖了江面。王濬的水軍先用大竹排放入長江，在船上載了無數根長數丈、麻油澆灌的火炬，點燃火炬後引燃竹排，用熊熊烈火燒斷鐵鏈。就這樣，東吳長江的防守設施

被一個個排除了。荊州吳軍鬥志瓦解，在王濬和杜預水陸夾攻下望風披靡。杜預率軍攻克江陵後，荊州郡縣大多投降，杜預率軍南下，王濬則揮軍東進。在東邊，太康元年（二八〇年）正月，長江北岸已經能看到王渾所部晉軍。孫皓這才慌張起來，急令丞相張悌等率兵三萬渡江迎擊。結果晉軍大勝，張悌等人戰死。吳國上下慌作一團，三月王濬的水軍逼近建業，孫皓遣游擊將軍張象率水軍萬人抵抗，無奈吳軍鬥志全無，望旗而降。張象敗後，孫皓還拼湊了二萬人的部隊，竟然在作戰的前夜都逃亡了。至此，吳國無兵可戰，首都建業被各路晉軍團團圍住。

東吳只剩下投降一條路了。投降的時候，孫皓耍了個小伎倆，分別遣使奉書於王濬、司馬伷、王渾三處求降，企圖挑撥離間從中漁利。離建業最近的是王濬、王渾兩軍。出兵前，司馬炎規定王濬的水軍在荊州受杜預的節制，到揚州後受王渾的節制。收到降書後，王渾以議事的名義要王濬停止進軍。王濬不顧王渾的節制，在三月十五日率部鼓譟進入建業，搶占了頭功。孫皓面縛出降，東吳滅亡。西晉統一了全國。唐代大詩人劉禹錫的〈西塞山懷古〉特別描寫東晉滅吳之役：「王濬樓船下益州，金陵王氣黯然收。千尋鐵鎖沉江底，一片降幡出石頭。人世幾回傷往事，山形依舊枕寒流。從今四海為家日，故壘蕭蕭蘆荻秋。」

孫皓投降前後，身為各路晉軍統帥的賈充駐紮後方，對前線戰況並不了解。王濬的大船都開進了建業，孫皓都投降了，賈充還上奏，認為春天來了，江南低溼，擔心晉軍爆發疾疫，建議立即班師。如果晉軍戰敗了，「雖腰斬張華不足以謝天下！」奏疏遞了上去，前方傳來了吳國投降的捷報，賈充追悔莫及，怕司馬炎怪罪，慌忙跑到洛陽請罪。司馬炎也沒有處分他。

孫皓投降後，司馬炎封他為歸命侯。見面時，司馬炎對他說：「朕設此座待卿已久。」孫皓回答：「臣在南方也設有等候陛下的座位。」一

旁的賈充想獻媚，故意揭孫皓的短，想讓他難堪：「聽說您在南方鑿百姓雙眼，剝百姓頭皮，這算是什麼刑罰？」他以為孫皓必定慚愧請罪，不料孫皓冷言相向：「我這是用來懲罰那些弒君的叛逆的。」這句話反倒戳到了賈充的痛處。他不就是殺害曹髦的元凶嗎？賈充頓時滿面羞慚，無言相對。司馬炎也沒有處分孫皓，一笑置之。

司馬炎雖然是西晉的開國帝王，統一了大亂分裂近九十年（一九四年至二八〇年）的神州大地，但靠的是祖父和父輩奠定的政治基礎，靠的是北方強大的經濟基礎。他本人就是個平常之人，沒有過人的膽略，也談不上有什麼才華。重臣何曾對家人評價司馬炎：「吾每宴見，未嘗聞經國遠圖，唯說平生常事。」

還有一個段子，說司馬炎曾問司隸校尉劉毅：「朕可與漢朝哪一個皇帝相比？」劉毅不客氣地答道：「漢桓帝、漢靈帝。」司馬炎見劉毅將自己比作東漢昏君，大為驚奇：「我還不至於那麼差吧？」劉毅答道：「桓靈二帝賣官鬻爵，可錢進了國庫，陛下卻將賣官的錢占為私有，如此相比，恐怕你還不如桓靈。」劉毅的指責十分尖銳，司馬炎也沒有生氣，反而笑道：「桓靈時沒有人說這話，如今朕有直臣，遠勝於他們了。」可見司馬炎還是比較寬容開明的，能聽得進諫言，可惜左耳進右耳出，聽了以後沒有行動。

總體來說，司馬炎資質平常，相當程度上適應了當時社會的需要。國家經過半個多世紀的分裂後重新統一，恰恰需要一個不折騰、安靜治國的守成之君。司馬炎的個性寬鬆和政治上的無為，適應了現實的要求。南北統一和若干經濟恢復措施，使西晉初期的社會經濟逐年增長，國家賦稅收入逐漸充裕，人口逐年增加。從西晉滅吳的太康元年（二八〇年）到司馬炎臨死前一年、太康十年（二八九年）的這十年，也被豔稱為「太康繁榮」。

太子是個白痴

一

西晉初年，全天下都知道晉武帝司馬炎的太子司馬衷是個白痴。

司馬衷的白痴是先天性的，是那種一眼就能看出來不正常的白痴。他從小就不會正常走路，快十歲了還口齒不清，分不清楚大豆和稻米的區別，更談不上讀書寫字了。

有兩件事，可以說明司馬衷白痴到了什麼程度。

第一件事是說在一年的夏天，成年以後的司馬衷帶著隨從到華林園去遊玩。走到一個池塘邊，一行人聽到池塘裡傳出咕咕的青蛙叫聲。司馬衷覺得很奇怪，於是便問隨從：「這些咕呱亂叫的東西，是為官呢還是為私？」隨從們聽到這樣的問題，心裡覺得好笑，可是嘴上又不知道怎麼回答才好。也許是其中一個隨從對司馬衷的白痴問題習慣了，急中生智說道：「在官家裡叫的，就是為官的；若在私家裡叫的，就是為私的。」司馬衷覺得很有道理，頻頻點頭。

第二件事情說的是一年天下災荒，餓殍遍野；百姓流離失所，出現許多餓死的人。在朝廷上，自然有大臣議論起這件事情來。司馬衷突然發問說：「這些人沒有飯吃，為什麼不去吃肉粥呢？」大臣們哭笑不得。但對於司馬衷來說，米飯和肉都是他日常吃的，現在沒有飯吃了，為什麼不去吃肉呢？

這麼一個明顯弱智、連生活都不能自理的人怎麼就成為太子了呢？

司馬衷是司馬炎和楊皇后嫡生的次子。司馬衷的哥哥司馬軌早夭，司馬衷很自然地成為皇位的第一繼承人。他被立為太子時，只有九歲。

史書上沒有任何有關司馬衷立太子爭議的記載。也許對於一個九歲的孩子來說，還沒有接觸朝廷大臣，而且太子年紀也小，反應遲鈍一點也並不被視為大事情，所以群臣沒有就司馬衷被立為太子一事提出疑問。同時司馬衷的生母是皇后，正得到司馬炎的寵愛，大臣們也沒有人公開反對。隨著司馬衷開始長大，難以掩飾的智力缺陷暴露了出來。人們不禁在心中發問：太子將來能否勝任天子寶座？是不是應該及時更換太子？

最先對司馬衷的能力提出懷疑的是他的父親司馬炎。

史載：「帝以皇太子不堪奉大統，密以語后，后曰：『立嫡以長不以賢，豈可動乎？』」可見司馬炎認為自己的這個兒子勝任不了統治天下的重任，曾經悄悄地和皇后透露了想更換太子的意思。但是楊皇后非常袒護司馬衷，勸丈夫說：「自古以來，立嫡長子，而不考慮其能力高低。這樣的老規矩怎麼能更改呢？」晉武帝的另一個寵妃趙氏得到了楊皇后的好處，也跟著為司馬衷說好話：「太子司馬衷只不過是幼時貪玩，不長進。小時候就顯露出超常能力的人畢竟是少數。太子將來必大器晚成，繼承大統。」耳根子軟的司馬炎被枕邊風一吹，也就打消了更換太子的意思。

朝野大臣對司馬衷也不滿意，希望更換太子。

咸寧初年（西元二七五年），司馬衷到了出居東宮的年紀，開始接觸外廷大臣。隨著太子獨立建立東宮，朝野對其能否治理國家的懷疑越來越多。咸寧二年（二七六年），晉武帝患病，病情頗為嚴重。朝野一度開始考慮最高權力轉移的問題。多數人屬意於司馬炎的弟弟、齊王司馬攸，希望以司馬攸來取代弱智的司馬衷。齊王妃是賈充的長女。河南尹夏侯和就對賈充說：「你的兩個女婿（司馬衷也是賈充的女婿），親疏相等。但是『立人當立德』，希望你能夠參與更立太子的行動。」賈充默默

不答。後來晉武帝病癒了，聽說這件事，將夏侯和調任為有名無實的光祿勳（原來的河南尹掌握首都及周邊地區的政權），並奪去了賈充的兵權，公開表示對太子司馬衷的支持。司馬炎如此處理，一時間朝野上下不敢再提太子能力的問題。

　　就在大多數朝臣明哲保身，對太子一事默不作聲的時候，少數幾位重臣以自己的方式進行了勸諫，試圖讓司馬炎相信司馬衷能力太差，實在不是做皇帝的料。有著滅蜀大功的衛瓘就是其中之一。史載：「惠帝之為太子也，朝臣咸謂鈍質，不能親政事。」衛瓘很想勸皇帝廢掉太子，但每次想開口的時候，都找不到合適的時機和話題。後來有一次司馬炎在陵雲臺舉辦君臣宴會，衛瓘裝著大醉的樣子，就勢跪在晉武帝的榻前說：「臣有些話想啟奏皇上。」晉武帝就說：「你想說什麼呢？」衛瓘三次都欲言又止，最後只是用手撫著晉武帝的座位說：「此座可惜了啊！」晉武帝非常聰明，一下子就明白了。他將錯就錯地說：「你真的是喝得大醉了。」衛瓘從此閉嘴，不再就太子廢立一事說話。侍中和嶠是另一位勇敢提出太子廢立意見的大臣，只是他採取的形式非常直接。和嶠怎麼看司馬衷都覺得是一個白痴，就趁自己經常陪侍皇帝左右的時候說：「皇太子有淳古之風，這是好事；但是現實是非常複雜的。恐怕將來就不僅只是陛下的家事。」司馬炎聞言，採取的對策是默然不答。

　　大臣們的勸諫多少還是對晉武帝產生了影響。他對群臣的意見雖然可以視而不見，或者採取間接的手段打壓下去，但他身為西晉王朝的開國帝王，不可能在關係到子孫後代、帝王萬世之業的事情上馬虎從事。沒有比他這個父親兼皇帝更明白司馬衷的實際情況。司馬炎決定再測試一下已經長大的太子的實際能力。

　　司馬炎的測試方法就是派遣幾位朝臣去考察太子，看太子能否承

擔統治大任。他選中的朝臣是和嶠、荀顗、荀勖三位侍從近臣。司馬炎說：「太子近日入朝，我看他有所長進，你們三人可以一起去拜訪太子，談論世事，看看太子的反應。」三個人就按照皇帝的吩咐去做了，回來的時候荀顗、荀勖兩個人都稱太子明識弘雅，誠如明詔，沒有問題。和嶠則說：「聖質如初耳！」（還是和以前一樣白痴。）司馬炎很不高興，離席而去。

司馬炎決定親自試驗一下太子，考考傻兒子處理政務的能力。一次，晉武帝將東宮大小官屬都召到身邊來，為他們舉辦宴會。暗地裡，司馬炎密封了幾件疑難的政務，讓人送去給太子處理。他的想法是：我已經將太子身邊所有的人都支走了，現在就只能由太子自己來處理這幾件疑難問題了。如果處理得好，就證明了太子的能力沒有問題。如果處理不好，就是太子無能了。

司馬衷連五穀都分不清楚，哪能處理疑難政務，只能呆呆地看著父親送來的檔案。正當他要將空白紙送還給父親的時候，太子妃賈南風非常害怕，忙找了外人來做「槍手」，幫傻丈夫作答。猜想她請來的是迂腐的學者，在回答的時候旁徵博引，義正詞嚴，慷慨激昂。賈南風看了回答，非常滿意。但是給使（宮中的侍從）張泓在旁邊看了以後，提醒說：「太子不學無術，這是皇上非常清楚的事情。現在的答詔廣泛引用，文采飛揚，皇上肯定懷疑是否是太子親自寫的，並且追究作弊的人，根本過不了關的。還不如直接用白話把問題給說清楚呢！」賈南風大喜，忙對張泓說：「來，你幫我好好回答，成功了與你共享富貴。」張泓平素有些小才，現在用白話把所有疑難都說清楚了，再讓太子抄寫一份。

司馬炎看了太子抄的張泓的答案，覺得雖然用語簡陋粗淺，但還是將所有問題都談到、談清楚了，很高興。他先將太子「處理」的政務交

給太子少傅衛瓘看。衛瓘先是非常吃驚，進而異常惶恐。大家都知道衛瓘先前有廢立太子的意思，現在見此，忙稱萬歲。事後，賈充曾暗地裡派人告訴女兒賈南風：「衛瓘老奴，幾破汝家。」從此，司馬炎對司馬衷基本感到滿意。廢立太子的風潮再也沒有出現過。

司馬衷太子的位置得以鞏固的另一個原因是他生了一個好兒子司馬遹。司馬炎非常喜歡孫子司馬遹，這為司馬衷太子之位的鞏固加分不少。皇孫司馬遹乖巧聰慧，司馬炎一度想將皇位傳給司馬遹，因此易換太子的想法也就更加淡薄了。

西晉之後有傳聞說司馬遹其實是司馬炎的私生子，所以司馬炎特別喜歡司馬遹，同時為了掩飾自己的過錯，也為了傳位給私生子，所以才鞏固了白痴兒子司馬衷的太子之位。

這得從司馬遹的生母謝玖說起。謝氏容貌清秀，美麗大方，很小就被選入晉武帝後庭當才人。司馬衷九歲被立為太子的時候，朝廷就開始準備挑選太子妃的人選了。「武帝慮太子尚幼，未知帷房之事。」也就是說，司馬炎怕自己的白痴兒子不知道兒女之事，決定先派個人給司馬衷性啟蒙。司馬炎挑選的就是自己身邊的才人謝氏。謝才人陪伴司馬衷一晚，就懷孕了。性情殘忍嫉妒的賈南風成為太子妃後對東宮的嬪妃隨意殺戮，獨獨對謝才人不敢胡來。謝才人也知道自己的處境，請求回到了司馬炎身邊，然後生下了司馬遹。司馬炎對司馬遹非常寵愛。幾年後，司馬衷進宮朝見父皇，看到一個三四歲的小孩子和自己的幾個弟弟一起玩耍，非常可愛，便走過去拉著那個小孩傻笑起來。晉武帝遠遠望見，走到司馬衷跟前，對司馬衷說：「這是你的兒子啊！」這段事情被記載在《晉書》中，引來了後人無數的猜疑。

二

除了司馬衷這個白痴外，難道司馬家族就沒有其他智商正常、能力出眾的政治繼承人了嗎？

有。那就是司馬炎「明德至親」的胞弟、齊王司馬攸。司馬攸為人「清和平允，親賢好施，愛經籍，能屬文，善尺牘」，聲名良好，「才望出武帝（司馬炎）之右」，不論血統還是能力都有繼位的資格。司馬炎的兒子不行了，為什麼不傳位給親弟弟呢？

齊王司馬攸是晉武帝司馬炎同父同母的弟弟。當年，司馬炎的父親司馬昭見哥哥司馬師沒有兒子，就把自己的二兒子司馬攸過繼給了哥哥做兒子。後來，司馬師逝世了，司馬昭掌權成為晉王，其間多次想把二兒子司馬攸立為世子。當時司馬昭每次見到司馬攸，都拍著自己的座位親暱地用小名招呼二兒子說：「桃符，這是你的座位啊！」史載司馬攸「幾為太子者數矣」。

司馬昭老的時候，一度非常想把自己的權力重新轉移給哥哥司馬師一系，也就是傳給司馬攸。說到底，傳給司馬攸也就是傳位給自己的親生兒子，司馬昭非常希望能夠見到這樣的結果。但是左右親信何曾、賈充等人死死勸諫司馬昭說：「中撫軍（指在魏國擔任中撫軍、新昌鄉侯的司馬炎）聰明神武，有超世之才。他髮委地，手過膝，此非人臣之相也。」他們堅決反對將權力轉移回司馬師一邊。司馬昭見親信反對，加上司馬炎畢竟是嫡長子，能力也不錯，最終打消了以司馬攸為繼承人的念頭。但是在司馬昭臨死的時候，他還掙扎著向司馬炎、司馬攸兄弟講

解漢朝淮南王、魏朝陳思王與當兄長的皇帝之間不相容的故事,勸誡二人友愛相扶。司馬昭更是拉著司馬攸的手讓司馬炎好好對待弟弟。

司馬炎的母親王太后臨死的時候,也流淚對司馬炎說:「桃符性急,而你又不慈愛。我死後,恐怕你們兄弟不能相容。希望你這個當哥哥的能夠友愛自己的弟弟,勿忘我言。」

司馬炎成為晉武帝後,封齊王司馬攸「總統軍士,撫寧內外」。司馬攸在政治實踐中立了許多功勞,威望越來越高。司馬攸對晉朝以及自己封地內的官吏、人民恩養有加,「時有水旱,百姓則加振貸,十減其二,國內賴之」。他做人「降身虛己,待物以信」,並不時勸諫晉武帝務農重本,去奢即儉。到了司馬炎的晚年,各位皇子年弱無力,而太子司馬衷又是明擺著弱智。朝臣內外大多屬意於齊王司馬攸繼位。

司馬炎的確像父母擔心的那樣,對人不夠寬容,即使是對親弟弟也一樣。司馬攸的功勞和威望的增加讓司馬炎總覺得是對自己的威脅。他並不希望將皇位傳給弟弟。當時晉武帝左右一些反司馬攸的大臣則抓住皇帝的心思,進行了迫害司馬攸的活動。中書監荀勖、侍中馮紞等人害怕晉武帝死後司馬攸繼位,對自己不利,就老在晉武帝耳邊說司馬攸的壞話。他們說:「陛下萬歲之後,太子不得立也。」晉武帝大驚,問:「為什麼?」荀勖就乘機說:「朝內朝外官員都歸心於齊王,太子又怎麼能得立呢?陛下如果不信,可以假裝下詔書讓齊王回到封地去,肯定會出現舉朝以為不可的局面。」馮紞也進一步說:「陛下讓諸侯歸國,這是國家制度。親人理應遵守。皇上至親莫如齊王,他應該首先響應命令離開京城回自己的封地。」晉武帝對弟弟的猜忌被這幾個人的話語給挑撥了起來,認為他們的話很有道理,於是下詔令,先是把濟南郡劃入齊國封地,增加了弟弟的封地,再是封姪子、司馬攸的兒子司馬蕤為北海王,

又贈六梢之舞、黃絨朝車等儀物，最後命齊王司馬攸回封地就藩。

詔書下達後，朝中王渾、王駿、羊琇、王濟等一幫大臣紛紛切諫。大家認為齊王是皇上至親，應該留京輔政。一些大臣還抬出司馬昭、皇太后的遺命，引經據典，勸晉武帝收回成命。司馬炎不聽，認為「兄弟至親，今出齊王，是朕家事」。

齊王司馬攸當時正在生病。他知道哥哥猜忌自己，也知道荀勖、馮統等人於自己不利，就上書乞求去為死去的生母王太后守陵。司馬炎不允許，還連下詔書催促。眼見催促就藩的詔書一道比一道急，司馬攸急火攻心，病勢加劇了。司馬炎卻更加懷疑弟弟是在裝病。為了查明弟弟是否真的生病了，他不停地派宮中御醫到齊王府診視。御醫們久在皇帝身邊，自然知道晉武帝的心思。他們為了自身的利益，回宮後都稟告說齊王身體安康，並沒有生病。司馬炎自然是相信弟弟在裝病，對司馬攸越來越不滿了。

司馬攸的病情一天比一天沉重；司馬炎催促上路的詔書一天比一天多，一道比一道嚴厲，沒有絲毫迴旋的餘地。司馬昭夫婦生前擔心的事情終於發生了。司馬攸性情剛烈，見事情無法挽回，就掙扎著換上一身新朝服，梳洗穿戴妥當，入宮面辭晉武帝。他雖然病得連路都走不穩了，精神疲憊到極點，卻還強裝著儀表，舉止如常。晉武帝見了，更加認定弟弟是在裝病了。在宮中，兄弟二人例行公事，司馬攸辭行回封地去了。沒幾天，病入膏肓的司馬攸就在路上吐血身亡，年僅三十六歲。

司馬炎接知齊王的死訊，才知道司馬攸不是裝病，真的是病死了。他不禁悲從中來，慟哭不已。畢竟齊王是自己的至親。馮統卻開導司馬炎說：「齊王矯揉造作，聚攏天下人心。現在他暴病身亡，是社稷之福。陛下不必如此哀痛。」司馬炎想想，被說中了心坎，也就停止了哭泣。

朝廷為齊王舉辦了隆重的葬禮。臨喪之時，司馬攸的兒子司馬冏伏地嚎哭，控訴御醫指證父親無病，耽延了診治。司馬炎臉面無光，也就順勢而為，處死了先後派去為齊王診病的御醫。一場皇位繼承的較量就以司馬攸的徹底失敗告終了。

三

在太子位更易的較量中，司馬炎是勝利者。但是沒有出場的司馬衷也是勝利者，而且是更大的勝利者。

白痴司馬衷太子之位的確立和鞏固，是許多原因相互作用的結果。比如楊皇后對晉武帝的勸告，賈充及其黨羽對司馬衷的支持，太子妃賈南風的精明，皇孫司馬遹的聰慧等等。但是晉武帝司馬炎身為決策者本身構成了最大的原因，要為白痴皇帝的繼位承擔主要的責任。司馬炎受主觀意願的影響，聽信讒言。一方面，他堅持嫡長子繼承制度，即使看到了兒子的弱智，也下不了更換的決心。在後宮妃子的鼓動下，他從心裡鞏固了司馬衷的太子地位。另一方面，即使面臨著更好的選擇，司馬炎出於陰暗心理，排斥他人，只相信自己一脈的繼承者。

很奇怪的是，司馬衷自己卻毫無作為，輕易地成為太子並鞏固了地位。也許他對周邊的這一切明爭暗鬥都毫無感覺，但是他的出身和婚姻關係卻決定了他後半生的命運。

在中國古代根植於血統原則的世襲制度下，皇位繼承就是如此的有趣。它看重的不是一個人的能力和威望，完全是基於血緣的身分。即便

有人想改變血緣的強硬標準，也很難阻止像司馬衷這樣的白痴成為新的皇帝。

司馬炎強迫齊王司馬攸就藩的時候，駙馬王濟除了自己陳情外，還和另一個駙馬甄德一起出動各自的妻子，也就是公主入宮規勸父皇司馬炎收回成命。面對哭泣的女兒們，司馬炎發怒說：「朕和齊王是兄弟至親，齊王就藩是朕的家事，甄德、王濟怎麼能屢次讓老婆來哭哭啼啼的！」王濟是司馬炎非常喜歡的女婿，才氣逼人，招人喜歡，如今也因為這件事情被貶官外放。

不久，司馬炎又想召回心愛的女婿，就對和嶠說：「我想痛罵王濟一頓，然後為他加官晉爵，如何？」和嶠提醒他，這不是一個好主意。結果，司馬炎還是召回了親愛的女婿王濟，痛罵了他一頓，然後問他：「你慚愧嗎？」王濟回答：「民謠說，哪怕只有半尺布一斗粟，兄弟也要共同分享。每次我聽到這句民謠，就為陛下感到可悲。其他人能令親友疏遠，臣不能使陛下兄弟親愛，感到有愧於陛下。」司馬炎聞言，採取了一貫的應對方法：默然不語。

鬥富大賽

一

西晉武帝和惠帝年間，洛陽城裡有一個高調的超級富豪，叫做石崇。

一個人是不是富豪，不是自己說了就算的，也不是由他的銀行存款數目決定的。富豪是從比較中產生的。那個襯托出石崇富裕程度的冤大頭，就是晉武帝司馬炎的舅父、貴戚、後將軍王愷。

王愷飯後用糖水刷鍋，石崇就用蠟燭當柴燒；王愷做了四十里長的紫絲布步障，石崇便做五十里的錦步障；王愷用赤石脂塗牆壁，石崇便用花椒砌牆。反正石崇什麼都不求最好，只求比王愷家的「更好」。石崇和王愷長期居住在同一座城市裡，抬頭不見低頭見，石崇在三件日常生活小事上長期贏過王愷，讓王愷很不爽。第一件事情是豆粥很難煮，石崇招待客人的時候，想吃豆粥，只要吩咐一聲下人就能把豆粥端上來。王愷家就做不到。第二件事情是即使是在冬天，石崇家也能吃到綠瑩瑩的韭菜碎末。石崇家彷彿有個蔬菜溫室，能夠生產非當季蔬菜。第三件事情是石崇和王愷出遊的時候，暗中較勁看誰能先返回洛陽城。石崇家駕車的牛跑得像鳥一樣快，每回都把王愷遠遠甩到後頭。王愷在這三件事情上老輸給石崇，覺得很沒面子，又找不到原因，就暗中買通了石崇的一個家人追問原因。石崇的下人揭祕說：「大豆的確很難煮成粥，石家事先將大豆煮熟研成末儲存起來，等客人來的時候，把豆末投入白粥，就成了豆粥。冬天吃韭菜末並非全是韭菜，而是混雜了韭菜根末的麥苗碎。牛車的快慢，全靠駕車者，石家的駕車者從不約束牛，聽憑牛邁開

腳步跑，所以跑得快。」王愷知道祕訣後照著做，於是在以上三件事上都能和石崇一爭高低。石崇發現後，惱怒得很，查遍所有原因才發現是下人走漏的消息，氣得把下人殺了。

晉武帝司馬炎知道石崇和王愷鬥富後，決定幫助舅父王愷打敗已經占有優勢的石崇。

司馬炎可是擁有全天下的財富。他從皇家的珍藏中挑選了一株珊瑚樹賜給王愷。那珊瑚樹高二尺許，枝條繁茂，樹幹蔓延，世所罕見。王愷獲得如此珍寶，大肆渲染，遍示眾人。石崇也跟著大家到王家去參觀御賜珊瑚樹，只見他拿起一個鐵如意就砸向珊瑚樹，珊瑚樹應聲而碎。王愷惋惜極了，又認為石崇是嫉妒自己的寶貝，聲色俱厲地斥責石崇。石崇漫不經心地回答：「這有什麼可惜的，我現在就還給你。」石崇吩咐下人把自家珍藏的珊瑚樹都搬到王愷家來。結果原本是王愷舉辦的「珊瑚展覽」變成了石崇的「炫富大會」。石崇珍藏的珊瑚樹單單三四尺高的就有六七株，株株條幹絕俗，光彩奪目，像司馬炎賜給王愷那樣的珊瑚樹都算是小的了。石崇爽快地告訴王愷，看上哪株就搬走，咱倆還客氣什麼？

經過如此慘烈的一役，王愷不得不承認石崇比自己富裕。其他人更是甘拜下風。石崇的「西晉首富」的桂冠算是摘取了。

超級富豪的生活不是一般人能夠想像的。比如他們壓根就不和人群住在一起，而是自己開闢出一片土地來造城堡、建莊園。石崇就在洛陽城外洛河北邊的「金谷」造了別館，取名「梓澤」，一般的迎來送往和交往應酬都在裡面舉行。石崇圈了好大一塊地，有山有水有良田，依照地勢高低築臺鑿池，建築了百丈高的崇綺樓，高到「極目南天」的地步。在園子裡，石崇「財產豐積，室宇宏麗」，生活享受極盡奢華，「絲竹盡

當時之選，庖膳窮水陸之珍」。總之是晉朝人能夠想到的吃穿住行、山珍海味和樂器玩具都能在石崇家找到。

石崇養了數以百計的美女。這些美女都穿著刺繡精美無雙的錦緞，裝飾著璀璨奪目的珍珠美玉寶石。石崇要求侍女都要嘴含異香，以便講話的時候能夠讓話語噴香撲鼻。石崇又在象牙床上灑沉香屑，讓所寵愛的姬妾踏在上面，沒有留下腳印的賜寶珠一百粒；留下了腳印的人就要節制飲食，以使體質輕弱。

石崇這個首富當得太高調了，連晉武帝司馬炎都很好奇，很想到石崇的別館裡看看究竟。為了不至於被石崇比下去，司馬炎在穿著上頗費了一番心思。他把外國進貢的火浣布製成衣衫，穿著駕臨石崇家。到了石家，石崇的衣服倒是非常平常，但是石家的下人家奴五十人都穿著火浣布做的衣衫。

大臣劉寔出身貧寒，小時候砍過柴餵過豬，長大後位列公卿還保持著樸素的生活習慣，走路上朝，騎馬出行，到別人家做客能自己動手的絕不勞煩他人。一天，劉寔去石崇家做客，想上廁所了，就自己找路去。他推開一扇看似廁所的屋子的門，差點沒被裡面的香氣給燻出來。劉寔定睛一看，發現自己進入的是一座美輪美奐的建築，裡面擺放著絳色的蚊帳，精美的墊子、褥子和各式香水、香膏、香袋，屋裡還有十多個穿著錦繡，打扮得豔麗奪目的婢女列隊侍候。劉寔還沒反應過來，這些婢女就拿著漂亮的衣服迎上來，要為他換衣服。劉寔趕緊退出來，轉身遇到石崇。劉寔苦笑著說：「抱歉抱歉，我誤入了你家的臥室。」石崇回答：「劉大人搞錯了，那是我家的廁所。」

二

現在的問題是：石崇的財富是怎麼來的？

《晉書‧石崇傳》只有一句話涉及這個關鍵問題的答案，說的是石崇在荊州刺史的任上「劫遠使商客，致富不貲」。想像一下，荊州地區的最大長官，竟然指使人搶劫遠方的使節和過境的客商，以保護者身分行強盜之實，那將是怎麼樣的情景？石崇這個荊州刺史都公開上路搶劫了，更別說貪汙受賄、中飽私囊等小兒科的腐敗行為了。荊州轄有現在的湖北、湖南地區，東漢末年劉表占據這塊富庶之地割據數十年，如今石崇在荊州搜刮地皮多年，自然是賺飽賺足了。

除了荊州刺史，石崇一生宦海沉浮，擔任過職務無數，許多還是轄地管人的肥缺，其中不乏撈錢的機會。我們可以看看石崇的為官履歷。他在二十歲出頭就擔任了修武縣令，很快就被召為散騎郎，鍍了幾天金就榮升城陽太守，很快又因為伐吳有功封安陽鄉侯。不知道石崇在伐吳時立下了何功？城陽在今山東江蘇沿海，距離前線還有段距離，石崇這個城陽太守可能為西晉的水師提供了若干後勤支持，也可能是伐吳成功司馬炎大封功臣中的一員而已。其間，石崇因病辭去太守職務，沒過幾天又被任命為黃門郎，很快被提拔為散騎常侍、侍中。晉惠帝司馬衷即位後，石崇擔任南中郎將、荊州刺史，領南蠻校尉，又加鷹揚將軍銜；然後出任太僕，徵虜將軍，假節、監徐州諸軍事，鎮守下邳；最後返回朝廷擔任衛尉，與潘岳等人投靠賈皇后。賈氏出行，石崇只要遇到了，都主動下車讓路，對著賈氏揚起的塵土叩拜。《晉書》直指石崇「其卑佞如此」。

像石崇這樣沒有政績卻劣跡斑斑，沒有操守且人品低下的人，為什麼在西晉王朝屹立不倒、官運亨通呢？

石崇不是一個特例，而是代表了一個群體。那就是西晉的勛貴權戚群體。

石崇的父親石苞，在晉武帝時曾官至大司馬。石崇憑著父親的光環進入仕途。在傳記中，石崇多次提到「先父之恩」、「先父勛德之重」。西晉初年有許多石崇這樣的貴戚子弟。司馬家族出於招攬人心，篡奪天下的考慮，對權貴和皇室成員採取了寬鬆優厚的籠絡政策，造就了整整一個勛貴權戚群體。石崇只是其中一員而已。

西晉王朝可算是中國歷史上獲得天下最容易的朝代。西晉的建立是司馬家族從一個陰謀走到另一個陰謀的成功過程。從高平陵政變司馬懿掃除曹爽勢力開始，司馬家族再也沒有遇到大的危機。之後除了忠於曹魏王朝的勢力在揚州發動了兩次反對司馬勢力的起義外，整個曹魏王朝相對平靜地被司馬家族篡奪了。曹魏的大臣和菁英分子們集體轉向司馬家族，得到的是司馬家族對他們世代高官厚祿的回報。

曹魏的建立者曹丕和西晉的建立者司馬炎都是繼承家族遺產，逼前朝把天下禪讓給自己的。不同的是，曹丕親身經歷了東漢末年的亂世，本人還在亂世中奮鬥過；而司馬炎則完全是在富貴鄉中塑造出來的，他不知道創業的艱辛和天下的疾苦。因此，司馬炎及其時代是一個瀰漫著安樂和享受的時代，是石崇和王愷等貴戚鬥富、皇帝在一旁助陣的時代。盤旋在西晉王朝頂端的是一群和社會現實和普通百姓相對脫節的「食利者階層」。這個群體的典型特徵就是榮華富貴來得非常容易。許多人是含著金湯匙降生，富貴唾手可得。他們沒有經歷過創業的艱辛，沒有在社會底層掙扎的經歷，甚至沒有經歷過殘酷的權謀鬥爭，可是他們

卻把持著一個朝廷，是西晉王朝開創時期的領導階層。

食利者的榮華富貴得來全不費功夫，這注定他們不會珍惜，只會率性地揮霍。

比如石崇就有兩次看似荒誕的罷官經歷。一次是石崇被徵為大司農，他得知後沒等徵書到手就擅自卸去了原來的官職，被罷官。還有一次是石崇去徐州監督軍事，到任後與徐州刺史高誕爭酒相侮，被免官。一般人看似再普通不過的職業規則，懶散的石崇都做不到，難怪要被罷官了。可是人家不怕，反正過幾天馬上會被官復原職，說不定還會加官晉爵，石崇就是再被罷官幾次也無所謂。誰讓他是「食利者階層」呢！不需辛勞就能坐享其成。

於是，「食利者階層」的奢侈和揮霍也可以理解了。西晉王朝，社會風氣「性奢豪，務在華侈」，權貴人家「帷帳車服，窮極綺麗，廚膳滋味，過於王者」。我們現在能夠看到的是西晉墓葬，規格和陪葬品比曹魏時期突然高出了一大截，出現了「厚葬」風氣。太康六年（二八五年）王愷去世的時候，葬在柏谷山，大營塋域，葬垣周長四十五里，松柏茂盛。

晉武帝司馬炎本人就生活奢華，做了一個壞榜樣。據說司馬炎後宮佳麗數萬人，他難以選擇寵幸哪位佳麗，經常乘著羊車到處轉悠，拉車的羊停到哪裡司馬炎晚上就臨幸哪位佳麗。

司馬炎分別和太原王家和琅琊王家聯姻，把公主嫁給了太原王家的王濟和琅琊王家的王敦。王濟也是鉅富。當時洛陽地價極高，王濟卻有能力在洛陽買地做大型馬場。別人的馬場用黃沙鋪地，王濟則用金銀銅錢鋪地，王家馬場因此被稱作「金溝」。有一次，司馬炎駕臨女婿家。王濟家百餘名婢女穿著綾羅綢緞伺候司馬炎，所有的供饌都盛在琉璃器

裡 —— 當時琉璃還只能透過西域從西方進口，普通人家能有一兩件小琉璃玩意就了不得了。司馬炎對這樣的排場都自嘆不如，心裡很不是滋味。吃飯的時候，司馬炎覺得王家的豬肉蒸得非常鮮美，就問女婿是怎麼做的。王濟輕描淡寫地說：「豬崽是用人乳餵的。」司馬炎聞言，大驚失色，放下碗筷拂袖而去。

琅琊王家的發達晚於太原王家，同是駙馬的王敦當時還比較貧寒。一天，王敦進宮，找廁所方便。他發現廁所裡有一個裝飾漂亮的漆箱，好奇地開啟一看，發現裡面裝著大紅棗，聞聞還有淡淡的香味。王敦大為感慨，到底是帝王之家啊！連廁所裡都擺放果品。於是，他一邊方便，一邊把箱子裡的紅棗都吃完了。這事很快傳為洛陽城裡的笑談。原來，那紅棗不是用來吃的，而是用來塞鼻防止異味的。王敦不知道許多富貴人家都在廁所裡放紅棗，專用名是「廁棗」。

西晉社會的豪奢，到達了這樣的程度。

三

西晉王朝的短命，和「食利者階層」的不珍惜和任意揮霍行為大有關係。

話說曹魏王朝對皇室成員限制非常嚴格。曹操、曹丕父子都有多疑的毛病，對同族兄弟採取了嚴格的防範措施。曹丕對弟弟曹植的防範，人盡皆知了。其實不但是曹植，曹魏王朝對所有諸侯王和皇室成員都嚴密控制，不允許他們帶兵、干政。諸侯王圍獵甚至擴充數量極其有限的

衛隊都需要報告朝廷。西晉王朝對此不以為意，認為曹魏王朝的覆滅和對皇室成員的嚴格限制大有關係，因此厚待司馬皇族，廣植諸侯王。西晉的皇室諸王有封地有軍隊，發號施令，權力大得很。司馬氏諸王也是典型的「食利者」。他們腦子裡除了享受榮華富貴，就是追求更大的榮華富貴，最後同室操戈，爆發了「八王之亂」。

而石崇最後也死於他高調的富豪生活。

石崇原本依附賈氏。「八王之亂」初期，賈皇后被誅，石崇因為是賈氏一黨而被罷官。石崇一點都不擔心，罷官後依然在他的安樂窩裡過著高調的奢華生活。趙王司馬倫、孫秀等人一度專權。孫秀聽說石崇的寵妓綠珠美豔，派人來求。石崇勃然大怒：「綠珠是我的，不能給別人。」孫秀派了幾次使者，石崇都不給。孫秀大怒，剛好石崇的外甥歐陽建和司馬倫有隙，孫秀就勸司馬倫誅殺石崇、歐陽建。石崇則與潘岳、歐陽建暗中聯繫淮南王司馬允、齊王司馬冏對付司馬倫、孫秀，事敗被殺。

武士來抓石崇的時候，石崇還在高樓上歌舞歡宴。武士衝到了門口，石崇還滿不在乎地說：「我不過是流徙交州、廣州而已。」長期的「食利者」心理讓他連最基本的危險意識都喪失了。結果，石崇全家，包括老母、兄弟、妻子、兒女十五人，無論長幼輩都被殺。石崇時年五十二歲。他的巨額珍寶貨賄、田宅奴僕都被罰沒。

臨刑前，石崇嘆道：「這是小人貪圖我的家財。」行刑者反問他：「你既然知道多財害命，怎麼不早散之？」石崇啞口無言。

悍婦亂政不得了

一

在司馬衷的一生中，賈南風的身分是妻子，但更像是司馬衷的幕後操縱者。

賈南風是西晉開國功臣賈充的女兒。太子司馬衷要娶親的時候，許多人推薦賈充的女兒。晉武帝司馬炎則想為傻瓜太子娶另一個功臣衛瓘的女兒為妃子。他告訴楊皇后：「衛家的女兒和賈家的女兒，優劣實在是涇渭分明。賈家夫人好妒殘暴，生子不多，生的女兒又黑又醜、身材短小。衛家夫人賢惠，多子多孫，生的女兒白皙漂亮，身材修長。妳說該選誰呢？」但是楊皇后平時被賈氏及其黨羽包圍，收了很多好處，聽了很多好話，堅持要娶賈氏的女兒。大臣荀顗、荀勖兩人又在旁邊起鬨，說賈充的女兒賢惠美麗。司馬炎考慮到賈、楊、荀等家都是朝廷的支柱重臣，這才改變主意，決定迎娶賈充的女兒。

一開始，司馬炎選擇的是賈充的小女兒、十二歲的賈午。可是賈家女兒長得太小了，賈午連結婚禮服都撐不起來。沒辦法了，新娘換成了十五歲的姐姐賈南風。就這樣陰差陽錯，賈南風嫁給了比自己小兩歲的司馬衷，成了皇太子妃。

事實證明楊皇后、荀顗、荀勖等人完全是瞎扯。賈南風身材矮小，面目黑青，鼻孔朝天，嘴唇朝地，眉後還有一大塊胎記，完全和「美麗」兩字不沾邊。從她日後的表現來看，賈南風的腦子裡根本就沒有「賢惠」兩個字。賈南風的母親郭氏是有名的悍婦和醋罈子，看到丈夫賈充俯身撫摸保母懷中的孩子就以為丈夫和保母關係曖昧，竟然殺了保母。她連

續殺了兩個保母，兩個親生兒子因為找不到保母而夭折了。賈充被郭氏管得服服帖帖的，連女人都不敢多看一眼。賈南風深得母親郭氏真傳。

史載結婚後，賈南風「妒忌多權詐，太子畏而惑之，嬪御罕有進幸者」。她不僅其貌不揚，而且生性殘酷。當時東宮中有一些宮女已經懷了太子司馬衷的孩子，賈南風就用戟投擲孕婦的腹部，懷孕的嬰兒就隨著刀刃墜地。據說賈南風還親手殺掉左右侍女數人。賈南風又愛吃醋又有手段，將司馬衷弄得服服帖帖的，其他宮妃都很難接觸到司馬衷，成為東宮一霸。

晉武帝知道情況後，開始覺得賈南風不宜做太子妃。

當時的皇后是司馬衷生母楊皇后的堂妹楊氏。楊皇后臨終前曾請晉武帝迎娶她的堂妹。晉武帝流著眼淚答應。於是出現了新的楊皇后。這位新的楊皇后繼承了堂姐對晉武帝的掌控能力，也繼承了堂姐與賈家的良好關係。晉武帝又先將有意廢除賈南風太子妃地位的想法告訴了楊皇后。新的楊皇后忙勸晉武帝：「賈充有大功於社稷，是朝廷重臣，其家即使有罪也應再三寬赦，更別說他的親生女兒了。太子妃現在還太年輕，正是嫉妒任性的時候，皇上不該以其小過掩其父大德。」晉武帝的毛病就是很容易被枕邊風吹倒，這次又很容易地打消了廢賈南風的主意。外戚楊珧在這件事情上也造成了巨大作用。他提醒晉武帝說：「陛下忘賈公閭耶？」意思是提醒皇帝不要忘記了賈家在幫助司馬家篡奪曹魏政權上的功勞。最後廢太子妃之事不了了之。

可見，賈南風因為晉武帝的優柔寡斷和父親賈充在西晉政權中的顯赫權勢坐穩了太子妃的地位。於是司馬衷繼續害怕她，又受她的誘惑，離不開她。太熙元年（西元二九〇年）四月，晉武帝去世，太子司馬衷即皇帝位，是為晉惠帝。賈南風順理成章被冊封為皇后。晉惠帝依然闇弱無能，很自然地，國家政事都由賈南風干預。

如果說晉武帝在世的時候，賈南風還不敢太過分張揚，壓抑著自己的慾望。那麼現在司馬衷即位了，賈南風將慾望和所有的劣性都暴露了出來，而且是徹底地暴露了出來，在歷史上寫下了許多不堪的紀錄。

首先是在個人作風上，賈南風廣樹面首，將後宮弄得烏煙瘴氣。《晉書》記載賈南風荒淫放恣，與太醫令程據等人淫亂宮廷。後來她不滿足於朝廷的面首，開始將目光投向了民間。洛南有個盜尉部小吏，容貌端莊漂亮，可惜只是衙門的廝役而已。突然有一天，這個小吏披金戴銀，出手闊綽起來。這在官場中是很顯眼和招人嫉妒的事情。於是很多人就懷疑他暗中盜竊財物，主管的尉官也懷疑這個小吏是盜賊，將他捉拿起來偵辦。剛好賈南風一個親戚家裡被盜了，聽說抓了盜賊，就過來旁聽審訊，希望能挽回損失。審訊的時候，小吏坦白說：「之前我在路上遇到一個老嫗。她說家裡有人得了疾病，占卜師說要找一個城南的少年來驅病，所以她想暫時麻煩我去幫忙治病，還說必有重報。於是我就跟著去了，上車下帷，藏在籠箱中，大概走了十幾里路，過了六七道門，籠箱才被開啟。我忽然看到樓關好屋，華麗壯觀。我就問這是什麼好地方，旁邊有人說是天上，還用香湯為我洗浴，供應我好衣美食。我又見到一個年紀大約有三十五六歲的婦人，身材短小，皮膚青黑色，眉後有痣。她挽留了我好幾個晚上，共寢歡宴。臨走的時候，是這個婦人送我這些東西的。」審訊的官員和賈南風的親戚聽到坦白後，都知道是賈皇后招這個少年去宮中偷歡了，慚笑而去。尉官也解其中玄妙，將這個小吏釋放了事。這個小吏還算是幸運的。當時賈南風在外面找了很多男人入宮，完事後就將這些姦夫殺死，只有這個小吏，因為賈南風很喜歡他，才活著放他出去。

其次是在政治上。賈南風掌握了大權後，將朝廷變成了地獄。在太子妃期間，賈南風就已經暴露出了凶殘的本性，只是因為尚未掌握朝廷

大權，所以沒能施展出來。這種性格的人，往往在掌權後會將凶殘成倍地放大出來。賈南風掌權後，為了鞏固惠帝的統治地位，也為了一己私心，甚至有的時候是情緒導致，開始濫殺無辜，草斷朝政。

賈南風渴望的是權力。那麼，她是怎麼做到獨攬大權的呢？

二

晉武帝滅吳統一天下之後，就不像之前那樣勤政了，多數時間沉浸在酒色之中，朝中事務依賴外戚楊氏。當時楊駿、楊珧、楊濟位居三公，時號稱「三楊」，可謂權傾朝野。司馬炎臨終的時候，擔心傻兒子掌握不了天下，要為他安排輔助大臣。楊皇后召集相關大臣入宮，口宣帝旨，任命自己的父親楊駿為太尉、太子太傅、都督中外諸軍事、侍中、錄尚書事，從此內外大權完全集中到了楊駿一人的手中。當時司馬炎還沒死呢！據說是楊皇后趁他神志不清的情況下求旨騙來的。楊駿在皇后女兒和一幫人的幫助下，就這麼成了輔政大臣。

司馬衷即位之後，楊駿輔政，凡朝中之事，必親自過問，「百官總己」。楊駿害怕朝野上下出現不利於自己的陰謀，也為了鎮壓異己力量，任命外甥段廣、張劭為近侍，還讓同黨統領了禁兵。楊駿知道賈南風性情強悍，難以輕易壓制，心裡也有些畏憚。「后欲預政事，而憚駿未得逞其所欲，又不肯以婦道事太后。」楊駿規定詔書先由自己認可，再透過女兒楊太后交給傻瓜皇帝蓋章，不經過賈南風之手。

賈家和楊家的關係很好。外戚楊家幫了賈南風許多忙，尤其是兩位

楊皇后在鞏固司馬衷和賈南風的地位上出力不少。但是賈南風一點都不感激楊家，反而恨死了阻礙自己掌權的楊家人。

早在晉武帝挑選輔政大臣的時候，尚書褚契、郭奕就上書說：「楊駿小器，不可以託付社稷之重。」武帝不以為然。楊駿也是爛泥扶不上牆，專權後把國家治理得一團糟。他大肆封賞朝廷內外人士，以為這樣就能提高支持率。對於許多重要政務，楊駿並沒有成熟的想法，頻頻失誤，而對內外臣工甚至宗室諸王態度強硬，排斥任何潛在權力威脅，在朝廷上出現了「公室怨望，天下憤然矣」的局面。與楊駿交往密切的孫楚勸楊駿說：「公為外戚，居重位，握大權，輔弱主，應效法前賢至誠謙順之道，不應獨斷專行。宗室諸王，分藩裂土，擁兵勢重，您不與他們共參大事，內懷猜忌，外樹私黨，恐怕大禍臨頭的日子不遠了。」但楊駿對旁人苦口婆心的勸說充耳不聞，依舊我行我素。

賈南風發現楊氏在朝野的行為已經激起了多數人的反對情緒，決心利用反對楊駿的勢力剷除楊氏，自己上臺。賈南風暗中聯繫汝南王司馬亮，請他發兵討伐楊駿。司馬亮是司馬懿的第四子，輩分極高，老成持重，不願意聽從賈南風指揮，拒絕出兵。賈南風又祕密聯繫楚王司馬瑋。司馬瑋是皇帝司馬衷的弟弟，年輕氣盛，有勇無謀，同意帶兵討伐楊駿。

元康元年（二九一年）的一個深夜，傻乎乎的司馬衷被從被窩裡拉起來，賈南風黨羽李肇、孟觀兩人報告說楊駿謀反，要求皇上下詔書命楚王司馬瑋誅殺楊駿。當時在宮中的段廣是楊駿的外甥，聽到後跪在司馬衷跟前一個勁地叩頭為舅舅辯解，請皇上仔細考慮。司馬衷哪裡能想清楚那麼複雜的問題，半睡半醒中在草擬好的詔令上簽字了。

司馬瑋隨即帶兵包圍楊駿府邸。楊駿的府邸是原來曹爽的老家，他現在也和幾十年前的曹爽一樣猶豫不決。主簿朱振認為這是賈皇后和少

數幾個人做的，建議楊駿集合家丁衝入東宮挾持皇太子，再召集忠於楊氏的兵馬，反過來消滅賈南風等人。楊駿不敢衝擊宮禁，只寄希望於黨羽、左軍將軍劉豫率兵來救援。

左軍將軍劉豫是個老實人，在率大隊軍馬救援楊駿的路上遇到了右軍將軍裴頠。裴頠是賈南風黨羽，騙他說楊駿已經逃跑出城去了。劉豫慌了，忙問自己怎麼辦。裴頠建議他去向廷尉「自首」。劉豫連這鬼話都信了，放棄軍隊，真的跑去自首了。結果，楊駿待在家中束手就擒，被司馬瑋的亂軍殺死。包括楊家老少在內的數千人被殺，府邸被焚毀。事後，楊駿全族及黨羽楊珧、楊濟、張劭、李斌、段廣、劉豫、武茂、楊邈、蔣駿等人和他們的家族無一倖免。

楊太后得到凶訊的時候，宮廷已經戒嚴了。她想救父親，苦於沒有辦法，只好寫了「救太傅者有賞」的絲帛射出宮外。不幸的是，賈南風的黨羽拾到了帛書。賈南風因此稱楊太后參與「謀反」，矯詔廢楊太后為庶人，遷往金墉城（不是一座城，而是在洛陽角落的一座冷宮）。第二年，楊太后被迫害致死。

除掉太傅楊駿和楊太后以後，老臣汝南王司馬亮為太宰，同樣位高權重的衛瓘為錄尚書事，兩人共同輔政。

司馬亮意識到了諸王威脅皇室和自己的權威，決心削弱諸王的權勢。他力主「遣諸王還藩」，也就是要把各位王爺分割限制到封地上去。衛瓘也完全贊成此舉。這就引起楚王司馬瑋對汝南王司馬亮和衛瓘的極大不滿。而賈南風任命了司馬亮之後也後悔了。因為司馬亮推行的集權也制約了她這個皇后的權力。而衛瓘很早就反對立司馬衷為太子，現在對賈南風的惡劣行為有所批評，賈南風把衛瓘也恨得咬牙切齒，決心剷除司馬亮和衛瓘二人。

　　賈南風找的還是楚王司馬瑋。司馬瑋誅殺楊氏，立有大功，現在卻要遭到司馬亮等人的限制，內心嚴重不平衡，又一次答應了賈南風。永平元年（二九一年）的又一個深夜，賈南風又讓司馬衷下密詔，授權司馬瑋懲辦「圖謀不軌」的汝南王司馬亮與衛瓘。司馬瑋接到密詔後，對司馬亮和衛瓘的府邸發動突襲。結果，司馬亮和衛瓘死於亂刀之下。

　　兩位輔政老臣死於非命，第二天早上消息傳出後，朝野震動。大臣張華等人指責楚王司馬瑋矯詔擅殺，要求解散城中的亂軍。賈南風順水推舟，告訴司馬衷楚王司馬瑋擁兵作亂，形同謀逆，應當斬首。司馬衷再次不辨真假，在詔書上簽了字。頭腦簡單的司馬瑋就這樣成了替罪羊，身首異處。

　　先是一齣「借刀殺人」，再來一場「卸磨殺驢」，賈南風初出政壇，就「精彩」不斷，取得了全勝。障礙一個個被除掉，賈南風從幕後走到了幕前，輪到她獨攬大權了。賈南風大肆委用親信、黨羽出任要職，將朝廷完全置於自己控制之下。她的凶殘、胡為，使她成了中國歷史上最殘酷最頑劣的皇后之一。

三

　　對於賈南風的所作所為，司馬衷無動於衷。因為他智商太低，理解不了許多事情。

　　前文提到，在司馬衷即位前就多次有人向晉武帝提出司馬衷的能力問題，懷疑他不能治理政事。果不其然，司馬衷繼位後一直大權旁落，

成為受人擺布的傀儡。

《晉書》載:「及居大位,政出群下,綱紀大壞,貨賂公行,勢位之家,以貴陵物,忠賢路絕,讒邪得志,更相薦舉,天下謂之互市焉。高平王沈作《釋時論》,南陽魯褒作《錢神論》,廬江杜嵩作《任子春秋》,皆疾時之作也。」也就是說在司馬衷當政時期,綱紀大壞,賄賂公行,社會動盪。朝廷上的官員相互推舉,就像是拿官職買賣一樣,為人不齒。天下沸騰,很多人寫文章譏諷時事。司馬衷對這一切都一無所知。

賈南風可以為所欲為了,唯一不如意的就是沒有生育皇子。為了有男性繼承人以便長期有效地控制朝政,賈南風詐稱自己懷孕了,在衣服裡填充上東西偽裝懷孕跡象。她深居內宮,不見外人,暗地裡收養妹夫韓壽的兒子韓慰祖,作為所謂的「皇子」。有了假冒的皇子後,賈南風還有一個障礙,那就是現任太子司馬遹。

司馬遹很聰明,很得祖父司馬炎的喜歡,可惜當了太子後沾染了糜爛的宮廷惡習,樂衷遊樂,喜歡在宮中設市肆做買賣。太子屬官勸司馬遹注意言行,司馬遹就變著法子地戲弄他們。賈南風就利用了司馬遹不知輕重、輕率貪玩的弱點。元康九年(二九九年)的一個冬夜,宮中突然傳來消息說司馬衷病重,要求太子覲見。司馬遹入宮後,沒有見到父皇,只有宮女端來三升酒,說是皇上賜給太子的。司馬遹輕率地喝了下去,喝得酩酊大醉,神志不請。這時,有人拿著一篇表文讓司馬遹照樣抄寫一遍。迷迷糊糊中,司馬遹抄了一份。誰知,這是一份以太子名義寫的逼宮信,要求司馬衷退位,不然就要造反。賈南風拿到手後,作為太子謀反的證據,要求嚴懲。

司馬衷本來就糊塗,如今看到兒子司馬遹寫了大逆不道的表文,就

同意了賈南風的處置：賜死司馬遹。公卿大臣們大多對表文的真實性將信將疑。此事關係重大，有大臣建議核對字跡。核對來核對去，既不能證明造反的表文是偽造的，也不能證明是真實的。賈南風一定要將司馬遹處死，部分大臣堅絕不同意隨意處死太子。最後，賈南風退了一步，要求廢太子司馬遹為庶人。大家通過了這個折中的意見，司馬遹也被送到金墉城囚禁起來。賈南風的讓步是為了更進一步地迫害司馬遹。不久就有一個小太監「投案自首」，供認曾與司馬遹謀反。隨後，司馬遹被押到許昌的舊宮幽禁起來，情況進一步惡化。

賈南風自以為對手都被掃清了，可以乾綱獨斷、為所欲為了。

卻說賈南風許多黨羽是靠赤裸裸的利益關係連繫在一起的。右軍將軍、趙王司馬倫和大臣司馬雅、孫秀等人也是野心家，靠著向賈南風獻媚逐步掌握權力。他們不滿賈南風胡作非為，又覬覦更大的權勢，立即臭味相投，串聯了起來。

趙王司馬倫是司馬懿的第九子，有輩分有兵權，就是沒有人品。司馬雅、孫秀與他串通，準備借太子司馬遹興風作浪，推翻賈南風。孫秀提出了一個歹毒的計畫，設計讓賈南風先除掉司馬遹，然後再藉口為司馬遹報仇，起兵除掉賈南風。於是，司馬倫等人故意宣揚有人要匡復太子廢掉皇后。賈南風知道後自然感到恐慌，乾脆一了百了，決定除掉太子。永康元年（三○○年）三月，賈南風矯詔派宦官前往許昌舊宮毒殺司馬遹。無奈司馬遹被廢後，唯恐遭人謀害，異常小心謹慎，足不出戶，連飲食都自己動手。宦官找不到下手機會，只好撕下偽裝，直接逼司馬遹吃下毒藥。司馬遹當然是堅決不肯，最後被宦官用藥杵活活打死，年僅二十三歲。司馬遹的死，天下震動。宗室諸位王爺對賈南風擅殺廢太子的行動普遍很憤怒。趙王司馬倫乘機祕密聯繫了梁王司馬肜

（司馬懿第八子）、齊王司馬冏（司馬攸之子）共同政變。

四月三日深夜，司馬倫、司馬冏等人在宮中內應的幫助下，祕密率兵入宮，劫持了晉惠帝司馬衷。司馬倫依樣畫葫蘆，報告皇后賈南風無法無天的種種劣跡，要求皇上下詔懲辦賈南風。司馬衷還是難辨真偽，在別人遞過來的詔書上簽字了。

齊王司馬冏帶兵擒拿賈南風。賈南風見狀大吃一驚，問：「你來幹什麼？」司馬冏高喊：「奉詔收捕皇后！」賈南風更吃驚了：「詔書都是我寫的，你奉的什麼詔？」司馬冏也不搭理，綁了就往外押。跌跌撞撞中，賈南風終於想明白了，問司馬冏：「這是誰帶頭的？」司馬冏直言：「趙王和梁王。」賈南風聞言，悔恨不已：「拴狗當拴頸，我只拴住了你們的尾巴，才會有今天。只恨當年沒先殺了那兩條老狗（趙王、梁王按輩分是賈南風的叔祖），今日反被他們咬了一口。」世間沒有後悔藥吃，賈南風被廢為庶人，也成了金墉城的住客。黨羽被一網打盡。幾天後，司馬倫再次有樣學樣，派人送毒藥去給賈南風。賈南風被毒死了。

《晉書》為賈南風蓋棺定論：「南風肆狡，扇禍稽天。初踐椒宮，逞鴞心於長樂；方觀梓樹，頒鴆羽於離明。褒後滅周，方之蓋小。妹妃傾夏，曾何足喻！中原陷於鳴鏑，其兆彰於此焉。」賈南風亂政禍國，這個評價是客觀公正的。

八王之亂：同室操戈何其匆匆

一

賈南風死後，趙王司馬倫大權在握。

司馬倫有了權力不好好用，竟做起了當皇帝的美夢，要搶自己的姪孫司馬衷的皇位。一方面是司馬倫個人政治野心膨脹，另一方面是孫秀等人攛掇的。反對司馬倫稱帝的部分大臣很好處理，司馬倫等人排列武士一嚇唬，再拉出去幾個帶頭反對的大臣砍頭，基本就沒有反對的聲音了。司馬衷就更好對付了。永寧元年（西元三〇一年）初，司馬倫把死去多年的老父親司馬懿搬了出來，說司馬懿託夢要他當皇帝，讓晉惠帝司馬衷禪位給他。司馬衷這個皇帝本來就當得痴呆，對尋常話都沒有分辨能力，更不用說司馬倫的鬼話了。於是，又一場禪讓上演了。司馬衷成了太上皇，搬到金墉城住去了。

司馬倫廢惠帝自立，完全是利欲薰心，上臺後除了大肆封賞，沒有任何方針政策。上自趙王的親信黨羽，下自王府的奴卒廝役都封官晉爵，朝廷之上頓時高官充盈。西晉的官員冠服要用貂尾裝飾，因為突然封賞了大批官員，整個洛陽城儲存的貂尾都不能滿足新官員官服製作的需要，只好找狗尾巴來代替。成語「狗尾續貂」由此而來。服裝不夠倒是其次，許多新晉官員連印信都沒有。因為國庫儲蓄根本不足以支撐司馬倫的濫封，朝廷沒有足夠的金銀為新封的人鑄造印信。這些司馬倫的黨羽因此被諷刺為「白版之侯」。

司馬倫篡奪了姪孫司馬衷的皇位，在西晉政治發展過程中具有轉折意義。之前的種種變亂，賈南風也好，楊駿也好，司馬亮和司馬瑋也

好，他們的爭權奪利都沒有逃脫宮廷政變的範疇，再怎麼鬧畢竟範圍有限，和老百姓生活實際差距甚遠。司馬倫的篡位就不同了。它引起了天下的討伐，迅速演變成席捲大地的戰爭和殺戮。二十多年後，一個龐大的帝國就土崩瓦解了。

司馬倫篡位後，齊王司馬冏最先反對。司馬冏參與了司馬倫的政變，是誅殺賈南風的大功臣，事後卻被司馬倫排擠出了洛陽，去鎮守許昌。政變收益分配嚴重不均，司馬冏本來心裡就不平衡，憑什麼我出力你享受啊？而且你現在還大模大樣地自己做了皇帝，更不像樣了！於是，司馬冏聯繫鎮守各大城市的宗室諸王一起討伐司馬倫。鎮守鄴城的成都王司馬穎、鎮守關中的河間王司馬顒起兵響應。戰爭爆發了，從此以洛陽為中心的北方地區成了戰場。

這場戰爭一直延續到西元三○七年晉武帝第二十五子豫章王司馬熾稱帝，改元永嘉為止。因為戰爭主要內容是西晉宗室諸王之間的內訌廝殺，發揮主要作用的是汝南王司馬亮、楚王司馬瑋、趙王司馬倫、齊王司馬冏、成都王司馬穎、河間王司馬顒、長沙王司馬乂、東海王司馬越等八位王爺，因此被稱為「八王之亂」。

戰爭首先突破了洛陽一地的範圍。篡位後的司馬倫面對多位親戚的圍攻，調兵遣將分頭迎擊。前線還沒有分出勝負，洛陽城中發生了內亂。部分禁軍不看好司馬倫，覺得他必敗無疑，「將功贖罪」殺死了司馬倫，迎司馬衷復位。司馬倫同黨被誅滅。

戰勝後的司馬冏、司馬穎和司馬顒三人面臨著同樣的問題：如何分贓。

司馬冏是首倡之人，出力最多，戰後被重新當了皇帝的司馬衷任命為大司馬，掌握朝政。這樣的安排，兩位響應的藩王起初並沒有意見。但是

權力的腐蝕作用太大了，司馬冏掌權後也開始獨斷專行，排斥他人。司馬衷沒有子嗣，存在挑選繼承人的問題。成都王司馬穎和長沙王司馬乂都是司馬衷的弟弟，都希望當「皇太弟」，等傻哥哥哪天死了來個兄終弟繼。司馬冏不願意這兩位已經成年又掌握兵權的王爺當繼承人——那樣顯然會削弱司馬冏的權勢，就操縱冊立了司馬衷的姪子、年僅八歲的司馬覃為皇太子。這一下，司馬穎、司馬乂和司馬冏的關係破裂了。

新一輪的戰爭是太安元年（三〇二年）底，感到分贓不均的河間王司馬顒挑起的。他討伐司馬冏得到了司馬穎的響應。但勝利果實則落入了當時在洛陽城中的長沙王司馬乂的手中。司馬乂判斷司馬冏氣數已盡，搶先殺了司馬冏，掌握了政權。

河間王司馬顒、成都王司馬穎更不服了。明明是我們倆出了力氣，怎麼最後讓司馬乂撿了便宜！第二年，兩人合兵討伐司馬乂，司馬顒命都督張方率數萬精兵自函谷關向洛陽推進，司馬穎調動大軍二十萬從西向東進攻洛陽。前線正打得熱鬧，洛陽城裡又先失火了。當時在城裡的東海王司馬越和部分禁軍對司馬乂失去了信心，合作擒拿司馬乂，將他交給張方。張方將司馬乂燒死。

這一回合結束後，成都王司馬穎擔任了丞相，成了勝利者。但他盤踞在老巢鄴城專政，遙執朝政，又廢掉太子司馬覃自己當了皇太弟，一時政治中心由洛陽移到鄴城。這就侵犯了在洛陽的東海王司馬越和禁軍將領的利益，引發不滿。他們的優勢是手裡掌握著皇帝。於是，司馬越率領禁軍挾持晉惠帝司馬衷北上進攻鄴城，討伐司馬穎。不幸的是，司馬越在蕩陰（今河南湯陰）一戰中被司馬穎殺得大敗。不僅皇帝司馬衷成了司馬穎手中的俘虜，司馬越本人都差點當了俘虜，倉皇逃往封國東海（今山東郯城地區）。

司馬穎先放下喘息未定的司馬越不管，派軍占領了洛陽。正當他取得大勝利之時，後院起火了。并州刺史司馬騰是司馬越的弟弟，他和幽州刺史王浚聯兵，從北往南攻破了鄴城。司馬穎只好退踞洛陽。可憐的洛陽城經過反覆這麼多輪的政變和殺戮，每經歷一次就血流成河，已經變成斷壁殘垣的空城了。司馬穎在洛陽根本沒吃的，將士們只能把人肉和馬肉摻在一起充飢。沒辦法，司馬穎只好挾持晉惠帝，放棄洛陽奔赴長安。成都王司馬穎和河間王司馬顒兩派力量就在關中合併一處了。

　　永興二年（三〇五年），司馬越捲土重來，從山東起兵擊敗司馬顒。第二年（三〇六年），司馬越迎晉惠帝回到洛陽，並殺死司馬穎、司馬顒等人，獨攬大權。宗室諸王大規模的內訌自此才基本平定下來。司馬越笑到了最後。

二

　　歷史上宗室諸王內部爭權奪利的事件屢見不鮮，但像西晉的各位王爺這樣大動干戈，天天動刀動槍，殺得生靈塗炭、天昏地暗的，則僅此一例。

　　這是西晉王朝制度性的積弊。西晉建立後，晉武帝認為曹魏滅亡的重要原因就是沒有廣樹藩王，危急時刻沒有人捍衛皇室。於是西晉大封宗室，並且給予這些宗室軍政實權。數以十計的司馬家族子弟被封為王爺。受封的諸王並沒有去藩鎮，而是留在京師兼任各種實職。西晉的公卿大臣中有許多是宗室王公。有些藩王還掌握有相當的兵權，包括指揮

中央禁軍 —— 禁軍在政變中發揮了關鍵作用。與曹魏猜忌宗室諸王不同，西晉王朝聽任各位王爺參與政務，相互交接聯繫，很少加以限制。諸王的存在反而威脅到了西晉皇權。

　　制度性問題放大了宗室諸王之間的個人恩怨和利益糾葛。其實內訌諸王中，除了趙王司馬倫品行不好外，其他各位王爺人品都還可以，一些人的聲望還很高。比如東海王司馬越年輕時就譽滿天下，為人謙虛又樂於助人，受到普遍的尊敬。但是沒有一個好的制度調節他們的內部矛盾，相對寬鬆的環境和過大的權力很容易讓他們選擇暴力解決。比如楚王司馬瑋，從小就不受父親司馬炎喜歡，長大後被封的地盤和利益最少，心裡不滿。他慷慨響應賈南風兩次號召，充當槍手，本意是藉機名利雙收，並非要置天下於水火之中。遺憾的是，殺戮一旦開始，血腥味就會四散開來，超越個人的控制範圍。這是宗室諸王無奈和可悲的地方。比如那個品行不錯的司馬越就被認為「此人亂天下」，最後死於戰火，屍骨無存。

　　八王之亂持續了十六年。參戰的親王遠遠不只八人，發揮主要作用的是八位親王。這些藩王相繼敗亡，西晉統治集團的力量也消耗殆盡。在戰爭中，百姓被殺害者眾多，社會經濟破壞嚴重。在洛陽十三歲以上的男子全部被迫服役，城內米價貴到一石萬錢，不少人飢餓而死。人民又重新陷於苦難的深淵，掀起了大規模的流亡浪潮。尤其是諸王利用少數民族的貴族參加這場混戰，造成了嚴重的後果。如成都王司馬穎引匈奴劉淵為外援，讓其長驅入鄴；東瀛公司馬騰引烏桓羯人襲擊司馬穎，讓其乘機入塞；幽州刺史王浚召遼西鮮卑攻鄴，短暫統一後，西晉王朝出現了分裂的趨勢。原來隱伏著的民族矛盾迅速爆發。最後是漢化歸附的匈奴民族起兵滅亡了西晉。

在整個八王之亂過程中，身為皇帝的司馬衷反倒是一個旁觀者。他成了造反謀逆者爭奪的目標和軍中俘虜，幾度易手，顛沛流離，受盡驚嚇。除此之外，司馬衷沒有做出任何有用的決定，沒有發出任何聲音。

但是人非草木，即使是司馬衷這樣的弱智也多少在亂世中顯現出人性正常的一面。散騎常侍司馬威依附趙王司馬倫。司馬倫要篡位的時候，司馬威奉命來逼司馬衷退位，還動手奪了皇帝璽綬。司馬倫篡位後任命司馬威為中書令。司馬倫失敗後，晉惠帝重新成為皇帝。一干人議論對失敗者的處理問題。處置司馬威的時候，大家本來想放他一條生路（猜想都是一路貨色）。這時候，一向沉默不語的司馬衷說話了：「阿皮（司馬威的小字）捩吾指，奪吾璽綬，不可不殺。」司馬衷畢竟是皇帝，既然皇帝發話了，群臣們不好違抗，殺了司馬威。

在成都王司馬穎與東海王司馬越混戰的過程中，司馬衷一直被裹脅在軍中。他的處境極其危險。一次大戰，司馬衷臉上被砍了一刀，身中三箭，周圍的侍從都跑光了，只有侍中嵇紹用自己的身軀護衛了司馬衷。兩個人被亂兵包圍，士兵們上來就要殺嵇紹。晉惠帝這時候大喊：「侍中是忠臣，你們不許害他。」亂兵卻說：「奉皇太弟（指司馬穎）之命，我等只不傷害陛下一人。」結果嵇紹被亂刀砍死，鮮血濺到了晉惠帝的衣服上。司馬衷後來安全了，依然穿著被鮮血染汙的衣服。侍從們要他把衣服換下來清洗。晉惠帝卻說：「這是嵇侍中的血，為什麼要洗呢？」這話聽起來傻乎乎的，其實包含著亂世難得的正義光芒，成了司馬衷留在歷史上的正面名言。南宋的文天祥在〈正氣歌〉裡還特地提出「為嵇侍中血」。

西元三〇六年，司馬越的軍隊攻入長安，大肆搶劫，兩萬多人被殺。這年九月，司馬穎被俘後被殺。十一月庚午，晉惠帝於長安顯陽殿

去世。司馬衷極可能是被司馬越毒死的，據說他在死前吃下了一塊毒餅。晉惠帝死後葬太陽陵。豫章王司馬熾被司馬越立為新皇帝，史稱晉懷帝。

《晉書·惠帝紀》評論晉惠帝司馬衷：「不才之子，則天稱大，權非帝出，政邇宵人……物號忠良，於茲拔本，人稱襖孽，自此疏源。長樂不祥，承華非命，生靈版蕩，社稷丘墟。古者敗國亡身，分鑣共軫，不有亂常，則多庸闇。豈明神喪其精魄，武皇不知其子也！」司馬衷的弱智為剛建立的西晉王朝帶來了極大的危害。

西晉迅速衰亡的責任在司馬衷，更在他的父親司馬炎。司馬炎優柔寡斷，既不願意得罪扶持司馬家族奪取天下的楊家、賈家等勳臣勢力，又受到枕邊風的影響，不能堅持己見，而且厚待放任藩王勢力發展的制度就是司馬炎制定的。說到底，司馬家族不是透過底層革命奪取的政權，而是靠政治權謀篡國奪權的，終究不敢和權貴家族和藩王勢力翻臉。這是西晉王朝從娘胎裡帶出來的毛病。

文人不合時宜

一

晉惠帝太安二年（西元三〇三年），河北鄴城發生了一起冤案。成都王司馬穎大開殺戒，將南方世族代表陸機、陸雲、陸耽三兄弟，還有陸機之子陸蔚、陸夏等人斬首，誅滅了陸家滿門。時人孫惠評論說：「不意三陸相攜暗朝，一旦湮滅，道業淪喪，痛酷之深，荼毒難言。國喪俊望，悲豈一人！」

一個家族的衰亡為什麼值得一書呢？因為吳縣陸家是江南氏族的代表，在東吳時期出過陸遜、陸抗等丞相顯貴。它的興亡折射出了西晉王朝的政權移轉和人才困境。

東吳末年，孫皓曾問丞相陸凱：「卿家有幾人在朝為官？」陸凱回答說：「二相五侯十將。」孫皓讚嘆說：「盛哉陸家！」西晉初年，北方貴族盧志大庭廣眾之下問陸機：「陸遜、陸抗是你的什麼人？」陸機回答說：「如同你和盧毓、盧珽的關係一樣。」盧志正是魏朝司空盧毓的孫子、魏朝衛尉卿盧珽的兒子。晉朝人極重避諱，陸機和盧志兩人互稱對方父祖名諱，從此結下深仇大恨。誠然這件事情是由盧志挑釁而起的。盧志敢在大庭廣眾中直呼陸家父祖姓名，從反面表明吳縣陸家傳到陸機這一輩已經門庭下降，大不如往昔了。陸家衰落最主要的原因是東吳政權的滅亡。任何政治世家都需要依託一定的政權，離開了政權的庇護就成為無源之水，無本之木了。東吳滅亡後，連孫皓都稱讚不已的江東第一家陸家就喪失了所有的封爵和地位，成為新王朝的平民百姓。無可奈何東吳滅亡，身為「亡國奴」的陸機兄弟就只能受到北方貴族的奚落了。

陸機兄弟面臨著如何適應新朝以及如何從中重奪權柄的艱巨任務。

　　從能力上看，陸機具有很大希望復興家業。史稱陸機：「身長七尺，其聲如雷。少有異才，文章冠世。伏膺儒術，非禮不動。」可見陸機長得魁梧高大，還精通文章儒術。東吳滅亡的時候，陸機年紀尚輕，在吳亡後十年時間裡他和弟弟陸雲隱居吳縣華亭（今上海郊區）老家，閉門苦讀。勤學苦讀的結果是陸機、陸雲兄弟成為著名文人，詩詞歌賦出色。同時代的文人張華稱讚陸機：「別人寫文章的時候都恨自己才少，你寫文章的時候卻擔心文才太多，湧出難以控制。」陸機還把對政治的理解融入了作品之中。陸機在吳亡後寫了《辨亡論》，「欲述其祖父功業」，探究東吳滅亡的原因，總結經驗教訓。這在西晉剛統一的政治環境下，陸機的行為是相當冒險的。而他得出來的結論是用賢乃興國之本。之後，兄弟倆經常追思家族功業，如《陸機集》中有〈思親賦〉、〈述先賦〉和〈祖德賦〉三篇，《陸雲集》中也有〈吳故丞相陸公誄〉、〈祖考頌〉等文章。政治的文字之旅讓陸機、陸雲的決心更加強烈：恢復祖輩的榮耀，復興家族！

　　西晉初年的華亭還是一片沒有開墾的處女地，遠處海天一色，近處滿目潮間帶，中間點綴著若干蘆葦叢和飛翔而過的白鶴。陸機、陸雲兄弟徜徉在家鄉的土地上，追思過去，暢想未來。他們有高貴的出身、美妙的詩文、滿腔的抱負和樸實的心靈。如果東吳還在，他們又會走上父祖濟世報國的老路。但是政權更迭了，他們遇到了新問題，老路走不通了，他們必須像眼前的白鶴一樣去更廣闊的政壇上搏擊長空。於是，陸機、陸雲兄弟倆與家鄉告別，在西元二九〇年來到洛陽——新王朝的首都。

　　陸家兄弟為什麼要入洛呢？一年前，晉武帝司馬炎下詔「內外群官舉清能，拔寒素」，陸機兄弟是應召前往。「生亦何惜，功名所嘆」，他

們是來建功立業，光宗耀祖的。

陸機兄弟對前途的期望值很高，也做了精心的準備。剛到洛陽之時，兄弟倆造訪了太常張華。當時當官還需要高官引薦徵辟，恰好張華也是文人，很欣賞兩個晚輩，一見如故。交談中，張華誠懇地指出陸機不論說話還是遣詞造句，都帶有濃重的南方口音，希望他改正。新王朝畢竟是北方王朝，陸機兄弟必須要過語言關。所以陸家兄弟回去後就開始學習洛陽官語。驛站裡伺候官員的僕役為洛陽人，陸機、陸雲就向這些下人學洛陽話。張華又指出洛陽正流行玄學，如果新人不事先揣摩玄學難免無法應對一些場合。陸機、陸雲又開始啃玄學相關書籍。最後，張華出面做了陸機、陸雲兩兄弟的推薦人。太傅楊駿闢陸機為祭酒，不久轉為太子洗馬、尚書著作郎。陸雲成為了吳王的郎中令，不久出任浚儀縣令。陸雲到任後為政肅然，將一個號稱難治的縣城治理得井然有序，深得百姓愛戴。

吳縣陸家是江東的頭號名門望族，陸機、陸雲兄弟入洛帶動了江東士人的入洛潮。南方士人紛紛北上求仕，吳郡陸、顧、張各家，會稽賀、虞等大姓皆有人北上，門第稍低的各家子弟應召北上的更多。這對於南北交流也好，對於新政權鞏固對南方的統治也好，都有好處。身為先行者，陸機兄弟在舉薦鄉里，照顧老鄉仕途方面費盡心機。陸雲曾寫信對陸機說：「近日得到洛陽的消息，某某得了驃騎司馬，又雲似未成，已訪難解耳。某某做了司馬參軍，此間復失之，恨不得與周旋。某某拜訪了大司馬。」他倆對同鄉的官運仕途如同自身，患得患失。陸機曾將戴若思推薦給趙王司馬倫，稱他是「東南之遺寶，朝廷之貴璞」。賀循是東吳名臣之後，入晉後歷任陽羨、武康兩縣縣令，多有政績，但朝中無人，久久不能升官。陸機就拉人一起上書推薦賀循，認為他的才望資品

可擔任尚書郎，賀循後來升為太子洗馬、舍人。

陸機、陸雲兄弟為什麼對同鄉仕進這麼熱心呢？陸機、陸雲出身江東的名門領袖，自覺有提攜同鄉其他大族的責任。而心中對東吳政權隱隱的懷念，也讓陸機、陸雲兄弟將東吳舊地的名門子弟當作一個整體，希望能夠一起在新的王朝共榮共進。

陸機兄弟對新政權是熱心的，但是新政權並沒有敞開火熱的胸懷。

晉武帝司馬炎一再下詔令「吳之舊望，隨才擢敘」，可是只是在開空頭支票。南方士人的仕途坎坷低微，而且遭受北方貴族歧視。陸雲在給同鄉楊彥明的信中也承認：「階途尚否，通路今塞，令人惘然。」所以南方豪傑之士大多隱居不仕。

陸機、陸雲初到北方，認為自家門第高貴，頗有與北方規則抗衡的念頭。「初，陸機兄弟志氣高爽，自以吳之名家，初入洛，不推中國人士。」陸機兄弟拜見王濟。王濟指著案上的數斛羊酪問陸機：「你們江東有什麼可以和它相比嗎？」這是帶有輕蔑的問話，像懷疑鄉巴佬的見識一般。陸雲回答說：「有千里蓴羹，還有未下的鹽豉！」這還算好的，盧志先前的挑釁要過分得多。出盧家門後，陸雲對陸機說：「何至於鬧得這麼僵呢？他可能真是不了解我家底細。」陸機憤怒地說：「我父親、祖父海內知名，豈有不知？」說完，陸機狠狠地罵盧志「鬼子無禮」。傳說盧志的遠祖盧充曾誤入鬼府，與崔少府的亡女結婚生子，所以陸機罵盧志是鬼子（鬼的子孫）。北方士人沒有陸機那樣高談理想抱負的，最多是聚在一起談談宇宙和人生，談談物動心動等虛幻的話題。他們根本不關心陸機所說的那一套。在屢屢受挫之後，陸機等人不得不面臨現實：北方貴族並不友好，自己也很難融入北方政壇。

南北相隔百年後，差異越來越大。江東遠離中央集權，個人思想

比較寬鬆自由。而北方經過東漢末年、曹魏時期的不斷思想整肅，從孔融、楊修等人的死到「竹林七賢」受的迫害，北方文人受到了政治的摧殘，不得不與政權妥協，放棄政治上的獨立思考。從曹魏早期的王朗開始到荀勖、賈充之流，為人不齒的文人反而顯達於世。陸機等人沒有經受過思想洗禮，更沒有見過思想迫害，很難理解北方社會相對沉悶又追求虛幻的清談的逃避態度。他們還沒學會在政治夾縫中求生存。而陸機、陸雲兄弟門第越高、抱負越大、思想越樸實，受到的傷害可能就越大。

　　事實上，許多南方士人來北方後很快就察覺到了政治氣氛不對，折返家鄉。顧榮、戴若思等人都勸陸機與其在北方鬱鬱寡歡，不如回老家。陸機依然相信自己的才華和名望，自負地要實現匡世救難的志向，沒有聽從。家族未興，何來衣錦還鄉？

二

　　很多人痛心地看到陸機、陸雲兄弟變了，變得急功近利、攀附富貴，中了權力之毒。

　　陸機變得「好遊權門，與賈謐親善」。這個賈謐是賈充的外孫，被賈充守為子嗣。賈家出了賈充、賈南風，賈謐又「權過人主」，整家人聲名狼藉。正因如此，賈謐為撈取聲名，招攬名人雅士。陸機、陸雲投身其門，被列入「二十四友」，為正人君子所詬病。有陸機、陸雲的崇拜者堅持說陸機兄弟此舉是被迫的。既然陸機選擇留在洛陽追求功名，就不

存在被迫與否一說。陸機、陸雲並非一定附逆，但依附權貴自古以來都是文人發跡的終南捷徑。陸機和賈謐相互利用，未嘗沒有可能。

遺憾的是，賈謐這棵大樹並沒有為陸機兄弟帶來多大功名。相反卻為兄弟倆開了一扇仕途之門，兩人從此在一個個權貴之間徘徊。

八王之亂爆發，陸機投靠了趙王司馬倫。司馬倫輔政後，陸機被引為相國參軍，並因參與誅殺賈謐一事立功，賜爵關中侯，進而為中書郎。但司馬倫這個人並不比賈謐好到什麼地方去。趙王司馬倫性極貪鄙，才能極其平庸，殺人奪權卻很有一套。輔政後，司馬倫妄想更進一步，篡位當皇帝。陸機竟然參與了賜司馬倫九錫的詔書和司馬倫禪讓詔書的寫作，被視為大逆不道之舉。趙王司馬倫敗亡後，齊王司馬冏以陸機附逆，寫作九錫文和禪詔的罪名將他投入獄中準備殺頭。成都王司馬穎、吳王司馬晏等人相救，陸機得以不死。出獄後的陸機聲名下降，僥倖逃生的他本應該對仕途有所醒悟，灑脫返回故土也不是不可以。但陸機投靠了成都王司馬穎，選擇繼續留在政治漩渦之中。

成都王司馬穎相貌堂堂，但貪婪殘暴，優柔寡斷，性情多變。陸機怎麼越來越所依非人呢？可悲之處就在於，文人選擇投靠對象的能力是非常有限的。就像現在的大學畢業生一樣，挑選工作的可能性越來越小，關鍵是看哪家公司會接納你。陸機屢受排擠，還經歷了一次牢獄之災，對營救自己的成都王感激之情溢於言表。加上司馬穎正處於勢力上升期，陸機又從他身上看到了復興王朝和家族的希望，因此進入成都王幕府當了名參軍。而弟弟陸雲在浚儀縣令的職位上做得好好的，卻老被嫉妒自己的太守訓責，憤而辭官，也被哥哥陸機拉入了成都王司馬穎的幕府，任清河內史。陸機不久被司馬穎升為大將軍參軍、平原內史。此外，陸家弟弟陸耽、南方士人孫惠、孫拯等都進入了司馬穎幕府。其中

陸機二人參與機要，是成都王幕中南方士人的核心。這群南人追隨成都王穎，其主要目的還是乘亂建功立業。

陸機、陸雲兄弟在司馬穎手下做得很認真，很起勁，無奈幕府內的權力結構太複雜了。

司馬穎寵愛宦官孟玖，盧志又在幕府中擔任左長史。孟玖曾打算讓老父親當邯鄲縣令，陸雲堅決反對，說：「擔任大縣縣令必須具備一定資格，怎麼可以任用宦官之父？」孟玖的弟弟孟超被安排為司馬穎麾下的將領。孟超放縱部屬大肆搶掠，陸機逮捕了肇事官兵，孟超率騎兵一百餘人衝進陸機營帳搶走犯人，還罵陸機是南蠻。孫拯勸陸機尋機誅殺孟超，陸機沒有同意。相反孟玖等人恨死了陸機、陸雲兄弟，必欲除之而後快。

彷彿是迴光返照，事事不順的陸機突然被司馬穎任命為後將軍、河北大都督，統帥成都王麾下二十餘萬兵馬，討伐在洛陽的長沙王司馬乂。陸機欣喜若狂，自從東吳滅亡之後陸家還是第一次領軍，而且是如此重大的任務。陸機興奮地判斷建功立業的機會來了！

出征前，司馬穎向陸機許諾：「如果功成事定，當封卿為郡公，位列臺司。將軍勉之矣！」

陸機說：「歷史上齊桓公任用管仲，建九合之功；燕惠王懷疑樂毅，結果功敗垂成。今日之事，在公不在機也。」

可見陸機對自己的能力很自信，但對戰鬥結果不太自信。他怕司馬穎用己而疑己，更擔心司馬穎設定的出征將領隊伍。陸機是主帥，但有冠軍將軍牽秀、北中郎將王粹分兵協助。王粹、牽秀等主要將領出身北方貴族，不僅不聽從陸機指揮，作戰時還從中作梗。他們聯合孟玖、盧志等人，嚴重限制了陸機施展拳腳。司馬穎用了陸機，同時又用了一系

列的宵小之輩，怎能不讓陸機擔心呢？同鄉孫惠勸陸機讓位給王粹，陸機又猶豫不決，最終不願放棄榮華富貴的希望，領兵奔洛陽去了。

果然戰鬥一開始，孟超就不聽指揮，貪功冒進，全軍覆沒。成都王大軍在洛陽郊外被打得潰敗而逃，幾乎全軍覆沒。兵敗回來後，全軍上下非但不總結經驗教訓，反而開始推卸責任，尋找替罪羊。南方來的、與北方政治空氣格格不入、動作頻繁的陸機等人就是最好的替罪羊。盧志趁機向司馬穎進讒言，說陸機有異心，故意戰敗。司馬穎不分青紅皂白，將陸機、陸雲等南方士人逮捕下獄。

江統、蔡克、棗嵩等上書司馬穎，為陸機鳴不平。「如果要為戰敗負責，誅殺陸機一人就足夠了。有關陸家等人叛逆的事情，應該列出證據，不可草率。等證據確鑿了，再誅殺陸雲等人不遲。」司馬穎遲疑不決，拖了三天。蔡克直接指出這是宦官孟玖等人迫害陸雲的醜行，遠近無人不知。求情的人多了，都言辭懇切。司馬穎流露出了寬恕陸雲等人的表情。一旁的孟玖趕緊把司馬穎扶進後房，催促他火速誅殺陸雲、陸耽，誅滅陸家三族。陸機知道難逃一死，反而流露出瀟灑大度來，洋洋灑灑寫下長信給成都王司馬穎，然後從容受刑，面不改色。

為了蒐集「證據」，孟玖對孫拯嚴刑拷打，直到血肉模糊、骨頭外露，孫拯都堅稱陸機冤枉。最後孟玖等人不得不杜撰了一份假口供。司馬穎本來對誅殺陸家的事情感到後悔，現在見到孫拯認罪狀，竟然大喜，誇獎孟玖說：「要不是你忠心，怎麼能追查出這等叛逆陰謀來。」司馬穎此舉完全是為自己脫罪。他糊塗成這樣，陸機等一代名士屈身相隨，真是令人扼腕嘆息。

陸機臨刑曾對弟弟陸雲感嘆：「欲聞華亭鶴唳，可復得乎？」是啊，華亭海邊遠眺海天一色的壯闊美景，仰頭看藍天中隻隻飛過的白

鶴，聽那聲聲鶴唳，這樣的日子曾經享受過，也多次有機會回去重溫，可惜一一錯過了，現在已成絕響。功成名就的熱望、復興吳縣陸家的責任感，讓天性高傲、才華橫溢的陸機、陸雲兄弟為之奮鬥終生。他們趕上了一個壞時代，鋒芒畢露又不懂委曲求全，不懂韜光養晦，更不會識人。後人評價陸機「不知機」，急功近利，貪圖名利，最終賠上了性命，賠上了整個吳縣陸家。

李白〈行路難〉第三首感嘆道：「華亭鶴唳豈可聞，上蔡蒼鷹何足道。君不見吳中張翰稱達生，秋風忽憶江東行。且樂生前一杯酒，何須身後千載名。」「華亭鶴唳」從此成為形容陸機這樣不合時宜的權力敗客的專用詞。

五胡十六國

一

西晉有過短暫的統一，在政績上幾無建樹可言。尤其是在民族問題上，它曾經有機會解決日益嚴重的少數民族內遷問題，卻毫無作為。

在廣袤的中國北方，各個少數民族從兩漢時期就可以陸續內遷，成了歷代王朝必須面對的問題。到西晉建立初年，內遷各族遍布從幽州（今河北、京津地區）、并州（今山西）到司隸（今陝西）、涼州（今甘肅、寧夏、青海等地）的廣大地區，深入益州（四川地區）、冀州（河北地區）等地，繁衍生息。漢末魏晉時期的連年征戰，華北的漢人背井離鄉，向江淮和江南地區遷徙，空出來的土地都被少數民族占據。到西晉初年，北方一些郡縣的少數民族人口超過了半數。他們雖然開始漢化，部分也從事耕種，但還保留著挎刀躍馬的習俗和部落的形式，有事相互聲援連線成軍。對中央王朝來說，這些少數民族很危險。因為僅從地理位置上看，各個少數民族呈半月形包圍著長安、鄴等重鎮，並威脅著首都洛陽。

當時北方各個少數民族統稱為「胡族」，其中最強大的有五大民族：匈奴、鮮卑、羯、氐、羌，並稱「五胡」。

匈奴人興起於蒙古高原，是中國北方的古老民族，一度統治著東起遼水、西到西域的北方大地，從戰國時就開始侵擾中原，是中原政權的大患。長城就是為他們修的。漢武帝時，匈奴遭到沉重打擊後，開始衰落，進而分裂為南北匈奴兩部。其中南匈奴在漢宣帝時入關投降漢朝，西漢王朝將他們安置在并州、司隸等地。南匈奴逐漸在并州離石的

左國城（今山西呂梁離石區）建立了王庭。東漢時，北匈奴繼續遭到重創，部分沿著歐亞大陸消失在了西方，不願意遠遷的部眾則南下投降了漢朝，也被安置在上述地區。東漢王朝對匈奴安撫與分治並用；曹操則將匈奴分為東西南北中五部，各立酋長為都督，基本上延續了東漢的策略。匈奴民族和漢族的融合時間最久，上層人士漢化很深，很多人擔任朝廷官員。

羯人，是歸化匈奴的一支，被安置在上黨郡的羯室（今山西左權縣）。他們和漢人的差別比較明顯，百姓多高鼻深目，有歐洲人特徵，還保持游牧生活。

鮮卑人興起於東北，晚於匈奴人。匈奴人在中原王朝的打擊下西遷或者南附，空餘出來的土地被鮮卑人填補。鮮卑人凶悍強幹，很快成了塞外大地的霸主。但是鮮卑民族的發展歷史較晚，曹魏時期，鮮卑貴族軻比能曾想統一鮮卑各部，結果被幽州官員誘而殺之。到西晉初年鮮卑民族還部落林立。各部落以酋長的姓氏為號，分別有慕容、拓跋、段、宇文、禿髮等部落，其中以慕容和拓跋兩個部落最為強大。

氐和羌都屬於西南夷，地處益州和涼州之間（甘肅東南、山西西南）。三國時期，曹魏和蜀漢都利用氐人和羌人來為己所用，拉攏來攻擊對方。許多人被強制遷徙關中各郡。到西晉時期，氐人主要分布在武都郡（今甘肅成縣）、略陽郡（今甘肅秦安），人數遠少於匈奴和鮮卑。羌人的分布大致相同，但人數更少。不過在魏晉南北朝時，這兩個小民族卻扮演了大角色。除了這五大民族外，還有烏桓、丁零等其他少數民族。

西晉王朝面對越來越嚴重的民族問題，卻沒有提出可行的政策，除了奴役各個民族、扣押各族人質外聽任各族恣意發展。地方官員奴役各

族，橫徵暴斂，除了把逃亡百姓的稅賦強加在少數民族身上外，還強徵異族子弟入伍、肆意打罵、拆散家庭。民族矛盾激化。亂世中，少數民族百姓們的生活壓力本來就大，如今日子更難過了，開始傾向造反。少數民族的叛亂貫穿了西晉始終。元康四年（西元二九四年），并州匈奴人郝散起兵攻上黨。兩年後，其弟郝度元聯合關中各郡的羌、氐族百姓起兵反晉，打敗太守、刺史多人。各族人民紛起響應，還推齊萬年為帝，擁兵數十萬。關中震動，西晉朝廷不得不集結大軍鎮壓，直到元康九年（二九九年）正月才粉碎起義軍，俘殺齊萬年。起義被鎮壓後，山陰令江統有鑑於民族問題危重，深感四夷亂華，寫作了《徙戎論》，為我們留下了當時人思考的第一手資料：

晉惠帝時「關中之八百餘萬口，率其少多，戎狄居半」。少數民族「非我族類，其心必異，戎狄志態，不與華同」，畢竟少數民族的心理和習俗都與漢族不同，難免起糾紛。江統吸取之前少數民族和漢族屢起糾紛、朝廷費力鎮壓的教訓，建議將胡族百姓遷出漢族區域，「今我遷之，傳食而至，附其種族，自使相贍，而秦地之人得其半谷，此為濟行者以廩糧，遺居者以積倉，寬關中之逼，去盜賊之原，除旦夕之損，建終年之益」。「夫為邦者，患不在貧而在不均，憂不在寡而在不安。以四海之廣，士庶之富，豈須夷虜在內，然後取足哉！此等皆可申諭發遣，還其本域，慰彼羈旅懷土之思，釋我華夏纖介之憂。」

江統的建議是因噎廢食的做法，因為朝廷沒有解決好內遷少數民族的問題就要把他們全部趕出漢族區域，代表了一大批朝野官員的觀點。說起來簡單，但沒有可操作性。少數民族內遷生活了上百年，突然要他們全部拋家棄土，回到傳說中的塞外故鄉去，勢必激起各族的仇恨和反抗。江統的意見遞交上去後，晉惠帝看不懂，掌權者則忙於爭權奪利，

將之束之高閣，沒有下文了。各族繼續恣意發展。

　　胡族武裝之所以沒有釀成大禍，只是因為西晉王朝實力尚在，還不是隨起隨落的少數民族軍隊能夠傾覆的。八王之亂的空前內訌，掏空了西晉王朝的軀體。晉軍損失慘重，鎮不住胡族武裝了。實力天平開始朝著有利於五大民族的方向傾斜。

二

　　就在八王廝殺得不可開交的時候，關中、隴西一帶的百姓正掙扎在生死線上。

　　元康後期，當地連年荒旱。聽說四川天府之國糧食充足，元康末年，天水、略陽、武都等郡數萬戶百姓攜家帶小，南下「就谷」，希望能討口飯吃。其中有漢族人，但主要是氐族人，在巴蜀北部形成了連綿的流民潮。在應付沿途管理刁難盤剝，組織流民移動協調糾紛的過程中，略陽氐族人李特、李庠、李流兄弟被推舉為流民的首領。李特兄弟雄壯有力，家境不錯，曾在西晉王朝中擔任過中下級軍官，有政治經驗又仗義疏財，很適合擔當流民首領的角色。前後兩任益州刺史趙和羅尚將洶湧而來的流民潮視為洪水猛獸，對素有威望的李特兄弟等人必欲除之而後快。矛盾就這麼產生了。西元三○一年，李特兄弟利用流民的無助和怨怒，在綿竹（今四川德陽北）聚眾起義，正式拉開了少數民族大規模反叛的序幕。

　　之後，北方和巴蜀地區先後出現了二十個割據政權，主要有十六個

國家：前涼、後涼、南涼、西涼、北涼、前趙、後趙、前秦、後秦、西秦、前燕、後燕、南燕、北燕、夏、成漢。其中只有前涼、西涼、北燕三國是漢人政權。此外，還有代國、冉魏、西燕、吐谷渾四國因為地小時短，沒有計算在內。這些政權主要為少數民族政權，在長達一百三十多年的時間裡此起彼伏反覆交戰，直到北魏統一北方為止。歷史上將這一時期稱為「十六國時期」。

十六國起於西元三○一年的李特兄弟起義，但因為起義局限於巴蜀一地，沒有直接撼動西晉王朝。史學界通常將三年後（三○四年）匈奴貴族劉淵獨立稱王視為十六國的開始。

匈奴貴族為什麼姓劉呢？因為匈奴人漢化後，搬出漢高祖劉邦「成親」制度，自認為漢朝皇室的外甥，冒姓劉氏，以漢室後裔自居。這也說明匈奴貴族漢化之深。劉淵從經歷上看就和漢族人無異，從小就酷愛讀書，拜上黨名士崔遊為師，遍習《詩經》、《周易》、《尚書》等儒學經典，又博覽《史記》、《漢書》和諸子學說。當時鄉黨品評人物入仕的風氣很盛，劉淵就得到了當時太原名流王昶、王渾等人的器重。加上射藝精熟、膂力過人、體貌偉岸，劉淵的前途一片光明。

但是劉淵卻不能像同學一樣入仕，因為他是匈奴人。曹操分匈奴為五部，其中的左部帥為劉豹，劉淵就是劉豹之子。曹魏咸熙年間，劉淵身為人質，留居洛陽。齊王司馬攸見劉淵文武雙全且得到眾人推崇，就勸哥哥司馬炎殺掉劉淵，不然恐怕并州不得安寧。幸虧司馬炎和司馬攸的關係不好，沒聽弟弟的建議，劉淵才倖免於難。根據後來的史實看，司馬攸對劉淵的評價不太準確：劉淵不僅讓并州不得安寧，還直接推翻了西晉王朝。

西晉很快進入亂世，各派勢力都借重匈奴軍隊，劉淵雖然是人質，

卻在很長時間裡成了各派拉攏的對象。楊峻輔政時，署劉淵為建威將軍、匈奴五部大都督。劉淵原本在匈奴中威望很高，如今更禮賢下士、輕財重義，幽冀的人才紛紛不遠千里依附匈奴，讓匈奴力量進一步壯大。司馬穎逐鹿中原，想以匈奴為外援，拜劉淵為北單于、參丞相事。他敗退長安時，急需重振軍勢，讓劉淵回并州招募匈奴助戰。劉淵很高興地返回左國城。

劉淵一去不復返。匈奴貴族見西晉朝廷呈現崩潰之勢，開始策劃「興邦復業」。劉淵的族祖父劉宣就宣稱：「昔我先人與漢約為兄弟，憂泰同之，自漢以來、魏晉代興，我單于雖有虛號，無尺土之業，自諸王侯，降同編戶。今司馬氏骨肉相殘，四海鼎沸，興邦復業此其時也。」劉淵一到左國城就被五部匈奴推為大單于。匈奴人尚存的部落形式很快就組織起了數萬軍隊。西晉永興元年（三〇四年），劉淵自稱漢王，以恢復漢朝號召天下。匈奴連續祭天，大祭漢高祖劉邦、光武帝劉秀和昭烈帝劉備，還追尊劉禪為孝懷皇帝，立足點很高，一開始就擺出要與西晉爭奪天下的架勢。

匈奴起兵，造成了領頭羊的作用。漢人王彌、羯人石勒及鮮卑人陸逐延等紛紛起兵造反，名義上公推劉淵為主。中原很快不復是西晉的天下。

我們先說劉淵政權的發展情況。他們很快打敗并州的西晉勢力司馬騰。戰火和激烈的民族矛盾讓并州的漢族百姓生活絕望，集體組織起來要去冀州「乞活」。「乞活」二字，從字面上看就很悲壯，就是為了生存而背井離鄉四處闖蕩，為了一頓飽飯不惜血汗乃至生命。并州流民組織成「乞活軍」，司馬騰率領他們東去流亡冀州。劉琨繼任為并州刺史，無力回天，只能據守并州西北部部分城池。劉淵很快據有河東全境，在

永嘉二年（三〇八年）正式稱帝，遷都平陽（今山西臨汾），國號為漢。匈奴漢朝建立後，一心要攻占「故都」洛陽。劉淵派子姪劉聰、劉曜等人率精騎進攻洛陽，遭到東海王司馬越的拒阻，沒有攻下。永嘉四年（三一〇年）夏天，劉淵病死。

劉淵在位僅兩年，也沒有將匈奴漢朝推向強盛，但為異族的後來者樹立了起兵和建政的榜樣。

三

劉淵死後，兒子劉和繼立為帝。劉和能力不論，品德很差，「內多猜忌，馭下無恩」。衛尉劉銳、宗正呼延攸等人因為沒有被劉淵委託為輔政大臣，懷恨在心，就慫恿劉和誅殺劉聰等功勳卓著的宗室。事機不祕，劉聰知道後，率軍反攻皇宮，殺死劉和、劉銳、呼延攸等人。

劉聰是劉淵的第四子，漢化程度很高，除了通讀儒家經典外，還精通兵法，寫得一手好字好文章。他留下了詩百餘篇，賦頌五十餘篇。

劉聰殺劉和自立為帝，將匈奴漢朝推向了強盛的巔峰。劉聰執政時期，有兩大成就。首先是在制度建設上做出了努力。漢朝雖然是匈奴王朝，但劉聰深知要長治久安，非採用漢族的政治制度不可。於是他建立了兩套行政體制，用游牧民族的「單于」制度治理匈奴各部，用漢族的公卿制度治理漢人，並吸納漢人進入政權。劉聰努力的方向沒有錯，但很不徹底，政權基本上還掌握在匈奴貴族手中，還保持著殘暴的特性。《晉書》稱漢朝「終為夷狄之邦，未辨君臣之位」。匈奴等胡族和漢族

民眾的矛盾依然很嚴重，漢朝的統治相當程度上是形式上的。王彌、石勒等強藩在東方擁兵自重，陽奉陰違，劉聰也奈何他們不得。這注定了匈奴漢朝雖然有許多開創性成就，也在形式上統一了華北，但很快就崩潰了。

　　劉聰的第二大成就是滅亡了西晉，開疆拓土。他派遣族弟劉曜聯合中原的王彌、石勒武裝，採取農村包圍城市的方式，將黃河南北乃至江淮一帶的西晉城池陸續攻克，孤立洛陽。永嘉五年（三一一年），困守洛陽的司馬越和晉懷帝不和，率領大批王公大臣和晉軍主力離開洛陽。途中司馬越憂鬱而死，餘部被石勒軍隊包圍屠殺。西晉王朝最後的主力喪失了。同年，劉曜、王彌、石勒合兵攻破洛陽，殺王公大臣等三萬人，俘晉懷帝司馬熾，押送平陽。劉聰封懷帝為會稽郡公。這就是「永嘉之禍」。第三年，關中西晉殘餘擁戴司馬鄴為皇帝，又支持了四年。建興四年（三一六年），司馬鄴向劉曜投降，被送至平陽為奴。至此，西晉滅亡。此時的北方大地，基本上是匈奴漢朝的天下。北方只有零星地區還在忠於西晉的官吏手中，分別是并州刺史劉琨、幽州刺史王浚與河西的張氏勢力。劉聰對劉琨發起了進攻，又命石勒進攻幽州刺史王浚。王浚被石勒殺害，劉琨兵敗投奔鮮卑段氏被殺。

　　取得這些成就後，劉聰開始驕傲享樂起來。劉聰統治後期以荒淫著稱，他正式立了四位皇后，此外佩皇后璽綬者又有七人。劉聰沉湎於後宮之中，不理政事，常常出外遊獵或乾脆在宮中晝夜遊戲。漢朝政務很快紊亂，出現黨爭。劉聰立弟弟劉乂為皇太弟，而以兒子劉粲為丞相。劉粲能力出眾，當了丞相以後把能力都用在了驕奢專政和遠賢近佞上。中護軍靳準是個野心家，想渾水摸魚，就百般親近劉粲，慫恿他對付皇太弟劉乂。建武元年（三一七年），劉粲誣陷劉乂謀反，劉聰不辨真偽

就相信了，廢殺劉義及其官屬，坑殺一萬五千人，平陽城的街巷為之一空。劉粲被立為太子。劉粲還殺害了投降的晉帝司馬鄴。

劉聰、劉粲父子享樂無度，朝野賄賂公行，綱紀敗壞，政權迅速走向衰敗。漢朝有功之臣不用，奸佞小人飛黃騰達，內部矛盾激烈。中山王劉曜占據關中地區，王彌舊部曹嶷占領山東，石勒占據河北，都保持半獨立地位。朝廷能實際控制的地方，也就是現在山西、陝西、河南三省交界的狹窄地區，只相當於之前的三四個郡的地盤。

東晉太興元年（三一八年），劉聰病死。他歷位八年，把王朝推向了高峰，又推上了下坡路。

太子劉粲即位，以靳準為大將軍、錄尚書事。劉粲以為萬事大吉，終日遊宴後宮，軍國大事都由靳準裁決。靳準也以為萬事大吉，把劉粲抓起來，一條條數說他的罪名，殺了劉粲，又把居於平陽的劉氏宗室無論老幼都斬於東市。靳準自號大將軍、漢天王，遣使向東晉稱藩。

平陽城大亂了，覬覦最高權力的雄藩劉曜和石勒馬上組織軍隊，行動起來。

中山王劉曜是呼聲最高的匈奴王朝繼承人選。劉曜有和冒認的祖宗劉備一樣的外表，據說他也「垂手過膝」，而且性格「與眾不群」，也像劉備。兩人都讀書求博不求專，喜歡射技，有「神射手」的稱呼。劉曜是劉淵的養子，在劉淵、劉聰時代戰功累累。大功有三：一是在河南一帶攻城略地，孤立了洛陽；二是在永嘉之禍中會同石勒、王彌攻破洛陽；三是攻克長安，俘獲晉愍帝。此後，劉曜盤踞關中，聽到靳準叛亂後親自帶軍趕赴平陽「平叛」。平陽還沒走到，劉曜在途中藉口「眾望所歸」，登基稱帝。這是西元三一八年的事情。

石勒也正從河北帶兵赴平陽，半途聽說劉曜搶先當了皇帝，又接

到劉曜對自己大將軍的任命，勃然大怒。石勒不聽劉曜的命令，催軍急攻平陽。城中，靳準為部下靳明所殺，靳明出城投降劉曜。石勒更加生氣，攻下平陽，搶占了劉聰原先控制的大部分地區。

劉曜和石勒頓時劍拔弩張。石勒咄咄逼人，劉曜處於弱勢。劉曜在關中有後顧之憂，面臨隴西張氏的威脅，同時軍隊數量和戰鬥力都遜於石勒。劉曜主動示弱，封石勒為趙王，封地是東方的二十四個郡 —— 反正地盤早就在石勒手裡，不需要劉曜撥地盤。第二年（三一九年），劉曜定都長安，改國號為趙，史稱前趙。石勒的趙政權史稱後趙，與劉曜常相攻伐。

北方進入了「兩趙對立」的混戰階段。

當割據勝地巴蜀遇到流民梟雄

一

「蜀道難，難於上青天。」四川地區自古有天險可恃，群山峻嶺將富庶的天府之國與中原和江南隔絕開來，是個割據立國的好地方。每逢天下大亂，朝廷權威衰微之時，野心家和梟雄們紛紛將覬覦的目光投向這一地區。晉惠帝元康六年（西元二九六年），當李特從漢中經過劍閣進入四川，看到懸崖夾道、「一夫當關，萬夫莫開」的險要形勢的時候，大為驚嘆。他嘆息道：「劉禪有如此之地而面縛於人，豈非庸才邪！」

在李特身邊，流民十餘萬人正衣衫襤褸，扶老攜幼，緩緩行進在川北的棧道山路之間。之前，關中爆發氐族暴動，混戰一場，又趕上饑荒，略陽、天水等六郡的老百姓紛紛逃亡漢中躲避並「乞食」。這些老百姓中有氐人、羌人，也有漢族人。氐族出身的李特和哥哥李庠、弟弟李流、李驤一起加入了逃難的大軍。老百姓逃到漢中後，發現本地的情況也不太好，就進一步南下四川，尋找生機。李特曾在州縣當過軍官，胸懷謀略，所以看到劍閣的雄渾險要後大發感慨。他的一聲感慨，得到了兄弟和周邊青壯年的附和。大家都惋惜蜀漢亡於曹魏。

隨著十多萬流民和隱藏起來的豪傑的湧入，西晉在四川的統治變得岌岌可危了。

益州官員的首要對策就是對流民進行疏導，有效組織起來，免得動亂社會。可當時的益州刺史趙廞卻不這麼做，而是思索著怎麼利用流民實現自己的割據夢想。趙廞看到西晉內亂，而四川偏遠，就起了割據之心。剛好趙王司馬倫政變廢殺皇后賈南風，召趙廞去洛陽擔任大長秋，派耿騰

取代他。趙是賈南風的親戚，接到通知後心中恐懼，乾脆正式起兵造反。他依靠的生力軍就是關中流民。流民因為生活無著，常常為了生存而扛槍當兵。趙開倉放糧，接濟流民的同時將他們編組為軍隊，任命李庠、李特兄弟為部將，殺死了接任的耿騰。這是永康二年（三〇一年）初的事情。

李庠率領的流民武裝，沒有旗幟和繁瑣的紀律，行軍打仗全靠李庠的表率，令行禁止，陣勢嚴正。趙看了心中忌憚，找了個機會將李庠抓住殺害。殺了李庠後，趙竟然還想利用流民武裝，前去籠絡李特、李流等人。李特在哥哥死後，在綿竹聚集七千餘人的流民武裝，向趙的政府軍發動進攻，消滅了十分之八九，一路攻進首府成都。趙眾叛親離，帶著家眷乘船逃跑，途中為人所殺。四川大亂的時候，朝廷已經任命羅尚為新的益州刺史查辦趙。李特剛剛和趙大戰一場，急需休整的時候，羅尚已經帶兵七千進入了四川。李特無力抵抗，不得不扮演西晉的忠臣，派弟弟李驤奉迎政府軍，並獻給羅尚珍玩財寶。羅尚也就赦免了李特起兵殺戮趙的行為。

羅尚有心安定四川，但也找不出處理流民問題的好方法。他想出了「遣送回籍」的餿主意來。先不說關中饑荒戰亂流民回去後衣食無著，就說經過幾年的流浪後，流民已經四散到巴蜀各地充當勞力、當兵打仗，遣送一事不具備操作可能。然而羅尚依然在七月下達了強制流民返鄉的命令。十數萬流民聞訊憂心忡忡，不知如何是好。益州官員又沿途設關卡，掠奪流民的財物，增強了矛盾。李特三番兩次為流民求情，要求羅尚寬限時日，先是要求等待秋收以後再遣返，後來又因為當年水雨將降年穀未登乞求再寬限時日。流民們都非常感激，不知不覺地以李特為首領，唯他馬首是瞻。

　　羅尚認定李特等人是在拖延時間，採取更加嚴厲的政策逼走流民。官府張貼公告，懸賞緝拿李特兄弟。李特早有異心，想藉機把事情鬧大，派弟弟李驤暗改布告為：「能斬獲六郡首領李、任、閻、趙、上官及氐、叟酋長首級的，賞布一百匹。」這一改，把羅尚的打擊面從李特兄弟擴大到了各大流民首領（李、任、閻、趙、上官），甚至連氐、叟（這是四川本地的少數民族）等少數民族首領也在打擊範圍內。矛盾一下子被激化了，所有流民武裝和少數民族都擁戴李特兄弟，決心與羅尚為敵而自保。李特在旬月間招募了兩萬軍隊，於是修繕甲冑訓練士卒，磨刀霍霍。

　　羅尚也不是庸庸碌碌之人，入蜀後已將部隊擴充到了數萬人。他見流民武裝不斷增長，決定先下手為強，派出精銳步騎三萬人，偷襲流民大營。李特事先得到情報，設下埋伏嚴陣以待。晉軍衝入流民大營後，發現營寨中空無一人，心知中計，可是大軍已經進營一半，衝在前面的要後撤，後面的不知虛實還一個勁往前衝，亂作一團。李特率伏兵從四面包抄過來，晉軍死傷慘重，狼狽逃跑。大勝後，六郡流民共推李特為鎮北大將軍，假借西晉皇帝的名義封官拜爵，正式建立獨立的軍隊，浩浩蕩蕩占據廣漢，造起反來。羅尚無力回天，只能固守成都，同時向朝廷求援。羅尚為人貪婪腐敗，為政苛刻，而李特施捨賑濟，提拔賢才，主政肅然有序，很快得到四川百姓的認可。民諺說：「李特尚可，羅尚殺我。」西元三○二年，李特打敗了河間王司馬顒派來的援軍。三○三年，李特親自領兵進攻成都。羅尚部隊一觸即潰。蜀郡太守投降，獻出了成都外城，羅尚只守著內城，遣使求和。

　　勝利在望，李特不合時宜地驕傲輕敵了起來。因為戰亂和收成不好，四川本地百姓也結村築堡，自衛自保。李特大軍處於優勢，本地武

裝紛紛表示歸附。李特因為軍糧不足，就分派流民到各個本地村壘裡「就食」，這就分散了自身力量、埋下了流民和土著的矛盾隱患。弟弟李流提醒李特，土著未必真心歸附，應該讓本地的大姓豪族派遣人質過來，作為約束。李特不以為然。益州從事任睿趁機建議羅尚：「李特侵暴百姓，又分散流民到諸村堡，驕怠無備，是天亡之也。我們可以暗中與各村約定時間，內外偷襲李特，破之必矣。」羅尚欣然答應。任睿又假裝投降李特，李特問他城中虛實，任睿謊稱：「城裡米穀快吃完了，只剩貨帛。」李特信以為真，警惕更加鬆懈。任睿請求回家省親，李特也答應了。任睿轉身就去遊說各個土著武裝一起偷襲李特。恰好西晉朝廷為挽救益州局勢，從荊州調水軍三萬逆江而上救援羅尚。各個土著武裝原本首鼠兩端，見羅尚援兵到達，紛紛同意出兵偷襲李特。而李特為了阻擋荊州的援兵，又不得不分兵抵擋，力量再次削弱。羅尚趁機猛攻李特大營，各處土著居民聯合出兵，流民武裝大敗潰散，李特陣亡。四川形勢為之一變。

李特的弟弟李流收攏殘餘力量，繼續與羅尚對抗。他率李特的兒子李蕩、李雄與羅尚軍死戰，扭轉了敗退的局面，把羅尚軍隊逼回成都閉門自守。不幸的是，李特的長子李蕩馳馬追擊過程中觸倚矛重傷而死。李流見兄長、姪子相繼戰死，而荊州援軍節節逼近，對前途喪失信心。部下李含勸李流投降，李流竟然心動了。姪子李雄見叔叔要投降，自告奮勇要去迎戰荊州援軍。李流被年輕人的勇氣所激勵，決定放手一搏，對李雄說：「你如果能打敗晉軍，三年後我讓位給你。」李流把軍權交給李雄，讓他節制各部奮勇作戰。李雄抖擻精神，先集中軍隊猛攻晉軍遏制住敵人的氣焰，使羅尚緊緊龜縮在成都不敢外出，再攻占郫城作為大兵營。但是流民武裝的處境依然不妙。四川連年戰亂，百姓築壘自保、

城邑皆空，流民武裝既沒有持續的後勤供給，又和土著百姓隔膜很深，始終處於半饑半飽的流動作戰狀態。只有爭取四川百姓的支持，李流、李雄叔姪才能站穩腳跟。怎麼才能爭取四川民心呢？

二

　　羅尚方面也在思索這個問題。參軍徐舒向羅尚推薦一個人：范長生，建議羅尚委任范長生為汶山太守。范長生是誰呢？

　　范長生是魏晉時期的奇人，據說活了一百歲。他本是涪陵丹興（今四川黔江）人，家族是當地大族。蜀漢初期涪陵百姓叛亂，諸葛亮討平後，遷徙百姓充實成都。漢末，張道陵在四川地區開創了「天師道」，蜀漢時期在成都一帶盛極一時。天師道是原始道教，講求與世無爭，提倡個人修行，能夠為飽受戰亂與生活之苦的百姓們提供精神慰藉，在亂世的土壤中滋長蔓延。不僅是漢族百姓，就是氐族和羌族百姓也紛紛入教信奉。范長生年輕時代就加入了天師道，並逐漸成為了魏晉時期的宗教領袖。他長期住在成都西山（青城山），聚集千餘家信眾百姓獨立生活和修行。其他沒有上山的百姓也尊重范長生的說教和博學，像神一樣敬服他。

　　羅尚對范長生沒有興趣，也許是他不願意和范長生分享權力，所以拒絕了參軍徐的建議，後者憤憤不平，覺得羅尚缺乏眼光勝利無望，跑去投降了李流。作為見面禮，徐向李流推薦了范長生，說如果爭取到范長生的支持，流民武裝的軍糧問題都會得到解決。李流果然決定重禮交

好范長生，派徐去青城山請范長生站出來說說話。范長生同情流民，不僅答應傾向流民武裝，還親自出山，以天師道首領的身分號召四川百姓支持李流。流民和四川百姓之間的矛盾頓時緩解，范長生並且親自為流民武裝籌集糧秣，招募兵馬。流民武裝力量大增，聲威復振。

李流對李雄之前的反降勸告開始信服了，覺得這個姪子穩重，有勇有謀，有長者之德，逢人便說：「興吾家者，必此人也。」他要求兒子們尊奉李雄，還公開立李雄為繼承人。李流的身體很不好，局面改觀不久就病逝了。李雄繼任為主。

李雄是李特的第三子。母親羅氏，曾經夢見雙虹自門昇天，一虹中斷，生下了長子李蕩。後來羅氏在汲水的時候突然打瞌睡，夢見大蛇繞身，醒後竟然懷孕了，懷胎十四個月才生下李雄。相士曾預言，羅氏的兩個兒子如果有一個先死，那麼剩下的那個兒子必能大貴。李蕩之前戰死了，這個預言就應在了李雄身上。李雄身材魁梧，容貌出眾，鄉裡都很器重他。道士劉化預言：「關隴之士皆當南移，李雄有奇表，終為人主。」這句大逆不道的話，足可以要了劉化和李雄的命，因為西晉統治衰微，也就沒有人去追究了。

話說李雄繼位後，羅尚以為他年輕好欺負，趁機出兵攻打。李雄正好揚威，大敗晉軍。叔叔李驤又攻犍為，斷絕了羅尚的糧道，晉軍士氣大減。李雄乘勝急攻成都。如今的流民武裝今非昔比，既有鬥志高昂的流民，又有土著百姓的支持，羅尚連戰連敗，在一天夜裡偷偷逃往四川東部，留下牙門將羅特固守。羅尚前腳剛走，羅特就開門投降，李雄攻克成都。占領成都，代表著西晉的益州地方政權被推翻。李雄又主動造訪青城山，來到范長生穴居處，表示要迎立范長生為君。范長生堅持推辭，再一次申明了對李雄的支持。

　　永興元年（三〇四年），李雄稱成都王，正式建立割據政權。范長生下青城山來到成都表示祝賀，李雄出城門迎接，執版延坐，拜他為丞相，尊稱「范賢」。范長生勸李雄稱帝。兩年後（光照元年，三〇六年），李雄稱帝，定國號為「成」，史稱成漢政權。李雄進一步尊范長生為天地太師，封西山侯。成漢政權可以看作以氐族貴族統治，得到四川百姓支持的割據王朝，在十六國中享國最長。

　　成漢建立後，向北驅逐西晉的梁州刺史，占領漢中；堅守四川東部巴郡的西晉益州刺史羅尚不久病逝，土地被李驤攻占；西晉寧州刺史投降成漢，南中之地也成了成漢領土。至此，成漢疆域占有益州、梁州、寧州大部地區，相當於現在的陝西南部、四川大部和雲貴部分地區。

三

　　成漢地區在李雄統治的三十年間成了世外桃源，在亂世中做到了「夜不閉戶，路不拾遺」。這不可謂不是一個奇蹟。

　　李雄是怎麼做的呢？史稱李雄「為國無威儀，官無祿秩，班序不別，君子小人服章不殊」。簡單地說，李雄執政就做到了一條原則：清靜無為，與民便利。西晉末期造成天怒人怨的主要原因就是官府統治殘暴，苛捐雜稅太多，李雄只要反其道行之就能安定民心，富國強民。所以李雄廢黜西晉複雜而殘暴的政令，簡行約法，奉行簡單方便的原則。成漢政權是流民建立的，李雄最清楚田園荒蕪百姓流離失所的痛苦，注意農業生產。四川本來就是天府之國，農業生產條件優越，只要政府能

保境安民、當政者與民方便，農業生產就會迅速恢復，幾年後就呈現出繁榮景象。范長生的涉世思想是「清心寡欲，敬天愛民」，勸告李雄「休養生息，薄賦興教，切莫窮兵黷武」。李雄把這個執政思想奉行了三十年。范長生活了一百多歲，青城山建立了長生宮為其專祠。此山因范長生的緣故，開始顯赫，道觀林立，成了四川名山。

　　李雄的善政，源於李雄個人寬容和善的性格。苻成、隗文兩人曾是李雄的部將，後來叛變投降了羅尚，在流民武裝最艱難的時刻來攻打李雄，曾經手傷李雄的生母羅氏。四川平定後，苻成、隗文二人又來求降，李雄准許了，並沒有因為之前的事罪責二人，而且厚加待納。成漢政權剛建立的時候，國庫空虛，李雄一度允許賣官鬻爵，百姓進貢金銀珍寶多就能得官。丞相楊褒進諫：「陛下為天下主，當網羅四海，何有以官買金邪！」李雄立即採納，果然停止賣官。李雄曾醉酒，責罰了中書令和太官令。楊褒又勸諫：「天子穆穆，諸侯皇皇，安有天子酗酒逞凶的！」李雄也能虛心接受。李雄喜歡出去走走，沒什麼事也出去逛逛，楊褒就騎馬持矛跟著。李雄好奇地問他幹嘛，楊丞相說：「陛下要以天下為重，不能像我這樣乘馬持矛，跑快了跑慢了都可以出差錯。」李雄虛心納諫，馬上勒馬回宮，不再輕易外出。

　　在外交上，李雄處置也很得當。成漢外交的基本原則是：和平相處，不出頭，不折騰。割據西北涼州的張駿以東晉藩鎮自居，可是和江南沒有領土相接，要借道成漢政權和建康進行公文和人員的往來。李雄與人方便，從不阻攔涼州和東晉朝廷的往來。張駿借道的同時，順便對李雄展開遊說，勸李雄去尊號，向東晉稱藩。李雄回信說：「我被士大夫所推為帝，本無心於帝位。我的志向是：進思為晉室元功之臣，退思共為守藩之將，掃除氛埃，以康帝宇。可惜啊！晉室陵遲，德聲不振，偏安東

南。如果晉室能夠復興、一統天下，我一定奉土稱臣。」一次，巴郡告急，說東晉在集結大軍企圖進攻成漢。李雄竟然高興地說：「我還擔心石勒跋扈，司馬睿難以對抗，想不到還能對我用兵，令人高興。」當然了，李雄沒有與東晉兵戎相見，始終向東晉示好。對於中原、西北各個割據政權也一樣，李雄都謹守天險，與世無爭。

有了穩定的外部環境，農業逐漸恢復後，在草長鶯飛二月天，四川的孩子們又可以去讀書了。李雄辦學興文教，鼓勵人文，文治和武功一樣可圈可點。

《晉書》評價李雄治下的成漢政權「時海內大亂，而蜀獨無事」，「事少役稀，百姓富貴，閭門不閉，無相侵盜」。這是相當高的評價了。

永嘉之禍

一

晉武帝司馬炎一共有二十五個皇子，其中最小的第二十五子叫做司馬熾，太熙元年（西元二九〇年）被封為豫章郡王。司馬熾的豫章王是遙領的，沒有「就藩」（到封地去），留在洛陽做京官。八王之亂爆發後，司馬熾自然沒有實力參與同室操戈，而是沖素自守，不交賓客，不問世事，一心攻讀史籍。他這麼做，獲得了意想不到的兩大效果：一個是得到了輿論的好評：「多好的王爺啊！一點名利心都沒有，就知道學習！」另一個效果是等八王之亂沉寂下來後，司馬熾成了倖存的司馬炎的三個兒子之一（另兩個是晉惠帝司馬衷、吳王司馬晏）。

光熙元年（三〇六年），東海王司馬越毒死惠帝，挑選司馬熾繼位，次年改元永嘉。司馬熾就是晉朝的第三個皇帝，歷史上稱為晉懷帝。

司馬熾和永嘉時代就這麼稀裡糊塗地被推上了歷史舞臺。

司馬熾在皇帝生涯的多數時光裡就是個傀儡，朝政全由司馬越把持。司馬越以太傅身分輔政，兼任了華北六州的刺史或者州牧，並拉攏大世族王衍為太尉，在朝野到處安插親信。晉懷帝司馬熾原本就沒有根基，如今更沒有可能施展拳腳了。

司馬熾即位前，和中庶子繆播關係很好，即皇帝位後任命繆播為中書監，任繆胤為太僕卿，此外還叫來舅舅、散騎常侍王延和尚書何綏、太史令高堂沖協助自己處理機要事務。這是司馬熾能夠拼湊起來的可憐的班底。司馬越對這個力量微弱的小幫派也不能容忍，在心腹劉輿、潘

滔等的勸說下誣陷繆播等人「謀反」，派將軍王秉率領三千兵士進入皇宮，當著司馬熾的面逮捕繆播等十餘人。司馬熾眼巴巴看著自己的班底被一網打盡，唯有嘆息流淚而已。最後，繆播等十餘人被全部斬首。司馬越分析了八王之亂以來皇帝被藩王利用的歷史，覺得屢次變故的根源在於宮殿侍衛力量的人心向背。為了將司馬熾徹底控制在手掌中，司馬越決定重組宮廷侍衛。當時宮廷中的武官都封了侯，司馬越就上奏請求將有侯爵身分的宮廷侍衛全部罷免。很快，司馬熾身邊的武官都被解職，司馬越改派右衛將軍何倫、左衛將軍王秉帶領幾百名東海國的士兵擔任皇宮禁衛，等於將司馬熾看管了起來。

司馬越個人權力鞏固了，洛陽城的形勢卻不太妙。八王之亂的惡果充分顯現了出來：晉朝的精銳部隊損失殆盡，洛陽府庫空虛，而匈奴、羯族等少數民族武裝縱橫黃河南北，晉朝地方郡縣望風披靡。洛陽城就好像是一艘裝飾華麗，卻缺乏水手和給養的大船，周圍全是凶神惡煞般的異族小舢板；司馬越就是大船的舵手，面臨的已經不是大船駛向何方的航向問題了，而是如何保障洛陽不被異族武裝攻陷的生存問題。他想到的辦法就是派出羽檄徵調地方軍隊入援京師，號召藩鎮和地方將領們勤王。

在求援問題上，皇帝司馬熾和權臣司馬越的利益是一致的。使者臨行前，司馬熾叮囑使者們，要他們轉告地方守臣：「現在增援，洛陽可能還有得救；晚了，洛陽就沒有了！」華北、西北的部分州縣，南方的大部分州縣都還在晉朝官吏的手中，但是他們勢孤力單（高度中央集權和連年征戰的結果），而且自顧不暇（自身也面臨異族武裝或者農民起義的問題），都不具備增援洛陽的能力。山濤的兒子、鎮南將軍山簡鎮守襄陽，有心報國，派出一支小規模的部隊前往洛陽，不想走到宛城的時候被當

地流民武裝消滅了。而派出援兵後，山簡自身力量削弱了，不得不閉城自守，後來乾脆棄城南逃。另一個有心增援的人是荊州刺史王澄。他的刺史官職是司馬越任命的，而且族兄王衍還在洛陽城中，所以派部隊前往洛陽。當山簡失敗的消息傳來，王澄害怕步其後塵，趕緊召回部隊，一心保境安民。其他地方官員，情況也類似。所以，司馬熾望眼欲穿，沒看到一個援兵進入洛陽。

在絕境中堅持了三年多，洛陽的情況更加不妙了。異族武裝力量越來越強大，朝廷能控制的郡縣越來越少。太傅司馬越絲毫沒有改變朝廷困局，又攬權專政，大失人心。永嘉四年（三一〇年），司馬越陣營意識到這樣下去遲早要完蛋，就有謀士建議道：與其在洛陽坐以待斃，倒不如集合城裡尚有戰鬥力的軍隊，向外發展，也許能開啟一片天地。司馬越接受了這個帶有冒險性的建議，穿上戎服去向司馬熾辭行。他藉口討伐石勒（石勒正在橫掃黃河以南和漢水以北地區），要率軍向兗州、豫州方向發展。司馬熾憂心忡忡地說：「現在胡人日漸逼近首都，洛陽官民鬥志全無，朝廷社稷正倚賴太傅支撐。你在節骨眼上，怎麼可以遠離洛陽，孤立首都呢？」司馬越辯解道：「臣此次出戰，如果能夠幸運地擊破賊軍，則國威可振，總比坐待困窮要好。」應該說，司馬熾和司馬越對時局的看法各有各的道理。晉朝發展到這一步，要麼坐以待斃，要麼僥倖取勝。

當年十一月，司馬越孤注一擲，集合在洛陽城內外的四萬軍隊，聲稱討伐石勒，向許昌開拔而去。太尉王衍擔任軍司，與司馬越同行。洛陽官民見司馬越軍隊要棄城而去，人心惶惶，多數人都想搭上司馬越這艘救生船，逃離勢必沉沒的洛陽大船，於是各顯神通往軍隊裡面擠。到最後，四萬軍隊膨脹成人數超過十萬的逃難大軍，裡面有大大小小的洛

陽各級官吏、家眷、富翁和其他關係戶、難民等等。一路上塵土飛揚、人聲鼎沸，有拖家帶口的，有丟三落四的，有被百姓打亂行伍佇列的部隊，也有在百姓隊伍中橫衝直撞的騎兵，場面蔚為壯觀。

當然，司馬越也沒有完全放棄洛陽 —— 畢竟它是帝國的首都，畢竟晉懷帝司馬熾還有政治號召力。他留下了王妃裴氏、世子司馬毗在洛陽，並留親信龍驤將軍李惲、右衛將軍何倫率少量軍隊守衛城池，以防萬一。

等龐雜混亂的出征部隊都消失在了遠處的塵土中，洛陽城頓時變為了一座死城。官署中的大多數官吏、軍營中的大部分士兵，都隨司馬越走了，衙門沒有人守衛，治安沒有人維持，最惡劣的是橫七豎八的屍體都沒有人去埋葬。每天都有人逃離死城。不願意走和不得不留下的人，也忙於掘壕溝築工事，以求自保。

司馬越此行，能否幸運地擊敗石勒呢？晉朝的前途又如何呢？

二

晉懷帝司馬熾對司馬越的冒險出征，義憤填膺。司馬越前腳剛走，司馬熾就於永嘉五年（三一一年）正月發密詔給東邊的青州刺史苟晞，任命他為大將軍討伐司馬越。

晉朝的天下，已經分崩離析了，各塊尚在晉朝官吏手中的領土，像淹沒在異族和農民武裝的海洋中的一座座孤島。大的勢力，在黃河以北主要是并州刺史劉琨和幽州刺史王浚，在江南主要是琅琊王司馬睿，在

關中地區主要是南陽王司馬模，苟晞是晉朝在黃河中下游碩果僅存的地
方實力派，是司馬熾討伐司馬越的唯一人選。

　　苟晞是職業官僚，身經百戰才躋身高位的，有著奮鬥成功後的老官
僚的精明和市儈。他見朝政日亂，擔心有禍害上身，花了很大力氣交結
達官顯貴，每次得到寶物都往洛陽的親貴家裡送。他在兗州時，駐地離
開洛陽五百里，苟晞怕送往洛陽的土特產到達時候不夠鮮美，挑選了千
里牛，每天凌晨馱著禮物出發晚上回來，日夜不休，用心良苦。苟晞靠
此在亂世中求生存謀發展。在政治上，苟晞是個不折不扣的強權者，建
立了龐大的官署和幕僚系統，專斷轄區內的人事，追求戰功，對付異族
武裝和流民起義毫不手軟，日加斬戮，流血成河。兗州、青州一帶百姓
苦不堪言，暗地裡罵苟晞是「屠伯」。

　　苟晞的青州刺史是司馬越任命的，司馬越還封他為郡公。兩人的
關係一度很好。如果能夠深入合作，司馬越有可能借助苟晞的實力，在
黃河下游站穩腳跟，和石勒、王彌等人決一雌雄。遺憾的是，兩人的關
係在司馬越出洛陽前，不幸破裂了。司馬越的親信潘滔、劉望等人誣陷
苟晞，可能是想奪苟晞的官職；苟晞生氣了，向司馬越要潘滔等人的腦
袋，又向司馬越建議了幾項人事變動，司馬越一概沒有答應。苟晞於是
認為：「司馬越為宰相，不能平定叛亂，使天下淆亂，我怎麼能坐視不
顧呢？今將誅國賊，尊王室，匡扶天下的霸業可成！」他移告諸州縣，
公布司馬越的罪狀，宣布和司馬越決裂。司馬熾正是看中這一點，讓苟
晞去討伐司馬越的。主觀上，苟晞有討伐司馬越，甚至取代司馬越的心
思；可惜他在客觀上已經自顧不暇。流民武裝領袖王彌所屬的曹嶷部隊
之前大舉進入青州，志在占領領土長期經營。苟晞抵抗得很辛苦，節節
敗退，部隊日漸零落，完全沒有力量討伐司馬越，兩面作戰了。他能做

的，就是在文字上積極響應司馬熾的號召，對司馬越口誅筆伐。

離開洛陽後，司馬越的日子也不太好過。所謂的討伐石勒，不過是逃離的藉口而已。全軍上下，從司馬越到普通士兵，都沒有戰勝石勒的信心。不幸的是，二月，石勒大軍從漢江北上，朝著司馬越部隊的方向衝殺過來。司馬越匆忙躲避，向東方逃去。當月，石勒占領了重鎮許昌。三月，司馬熾又公開釋出詔書，討伐司馬越。司馬越還截獲了苟晞和朝廷往來討伐自己的文書。在石勒、司馬熾、苟晞三方的巨大壓力下，東海王司馬越覺得自己走投無路了，對前途完全喪失了信心，心力交瘁加上急火攻心，死在了項城。

司馬越死後，官民們要推舉太尉王衍為首，率領大家謀出路。王衍不敢擔當如此大任，百般推辭說：「我年少時就沒有做官的欲望，這些年來全是熬資歷才升遷到如今的地位。今天的大事，怎能讓我這樣一個沒有才能的人來擔任統帥呢？」他要推舉隨軍的襄陽王司馬範為新首領，司馬範堅絕不答應。最後實在沒辦法，王衍心不甘情不願地繼承了司馬越的位置。

王衍，山東琅邪人，在琅邪王家的興起過程中發揮了重要作用，日後琅邪王家在南方的發達，實在應該感謝他。從年輕時代起，王衍就精通玄理，擅長清談，專以談論《老子》、《莊子》為事。清談時，王衍喜歡手持白玉柄的塵尾，手和玉柄的顏色一樣白皙。雖然是玄學大師，王衍卻沒有留下系統的言論，就連隻言片語也很少。主要原因是他純粹是為了清談而清談，沒有成熟的觀點，經常談著談著覺得話語有什麼不妥的地方，就隨口改過來。世人稱之為「口中雌黃」。正如他承認的，因為資歷老、家底硬，王衍被視為士族的首領。在人品和能力上，王衍都沒有值得稱道的地方。他的夫人郭氏是個悍婦加守財奴，連親友的錢財都

要貪霸。王衍對郭氏的貪財很鄙夷，堅持口中不提「錢」字。郭氏偏要試試他究竟會不會說錢，就讓奴婢用錢繞床一圈，把王衍圍在床上。王衍醒來後看到錢，大喊：「把這些堵著我的東西拿走！」在政治上，王衍沒有絲毫建樹，專謀自保，甚至不惜為了討好賈南風而犧牲女兒的婚姻（王衍的女兒原本許配給了愍懷太子，王衍看賈南風不喜歡愍懷太子，竟然悔婚）。可就是他，連續擔任尚書令、司空、司徒等宰相級的高官。王衍年輕時曾去拜訪山濤，山濤對別人評價王衍道：「王衍看起來很不錯，然而亡國敗家的，正是這樣的人！」

王衍當了東海王部眾首領後，有三條路可以走。第一條路就是回歸洛陽，和司馬熾匯合，號令天下，與叛軍對抗，維持困局；第二條路是與其他晉朝勢力匯合，比如與苟晞的青州勢力拋棄前嫌合兵一處謀求自保，或者繼續往東南方向發展，渡過長江去與司馬睿的勢力會合（與其他勢力會合似乎難度很大）；第三條道路是就地占領郡縣，準備後勤和工事，以之為根據地防禦敵人、謀求發展。應該說，這三條路都不失為現實的選擇，在石勒軍隊逼近的情況下都具有危險性。然而，王衍做出了匪夷所思的選擇：對司馬越的死祕不發喪，扶著靈柩向東海出發，準備在司馬越的封地安葬他。於是，以王衍為首，襄陽王司馬范為大將軍，全軍向東踏上了塵土飛揚的征途。

石勒親自帶人追趕東海王的部隊，最終在苦縣追上了。石勒的部隊只有兩萬人，而王衍統帥的有十萬之眾，可這十萬之眾抱著逃難的心離開洛陽，中途又經歷首領更迭，漫無目的地在河南遊蕩，士氣越來越消沉。將軍錢端勉強出兵與石勒作戰，戰死，引起了全軍大崩潰，十幾萬人被石勒的軍隊圍困住了。兵無鬥志，大家從東跑到西又從西跑到東，都在尋找逃生的縫隙，卻沒有一個人思考抵抗。石勒指揮軍隊射殺

晉軍，將一場決戰簡化成了屠殺。一圈圈的人被射死，屍體一層壓著一層，「相踐如山」。十多萬西晉的官吏、軍隊和家眷就這麼消失了。這可是西晉在北方最後的主力。

　　石勒下令焚燒司馬越的靈柩，給司馬越極為惡劣的評價：「此人亂天下，吾為天下報之，故燒其骨以告天地。」石勒是西晉末年黑暗政治的受害者，他是有資格說這話的。王衍等幾十名權貴成了俘虜，石勒把這些人都叫到跟前。除襄陽王司馬范神色自若拒絕畏死外，其餘的人都紛紛哀求石勒饒命。石勒倒沒有馬上大開殺戒，而是詢問王衍許多朝廷往事。王衍陳說了西晉敗亡的原因，但解釋責任不在自己，並說自己年輕時就不喜歡參與政事，只求避禍保身。王衍甚至勸說石勒稱帝（當時石勒還是匈奴漢朝旗幟下的將領）。石勒對王衍強言狡辯、卑躬屈膝的行徑極為不屑，怒喝道：「你名聲傳遍天下，身居顯要職位，年輕時就得到朝廷重用，如今頭生白髮了，竟然還說沒有參與朝廷政事？天下殘破不堪，正是你這類人的罪過！」把俘虜押下去後，石勒對參謀孫萇說：「我行走天下多年，從來沒有見過如此無恥的人，還應該讓他活下去嗎？」孫萇說：「王衍一定不會為我們盡力，殺這樣的人有什麼值得可惜的呢？」石勒不屑於用刀殺他，就命令士兵在半夜裡推倒牆壁把王衍等人壓死了。據說王衍臨死前，終於懺悔道：「我們雖然趕不上古代賢人，但如果平時不崇尚浮華虛誕，勉力來匡扶天下，也不至於落到今日的下場。」

　　留守洛陽的司馬越王妃裴氏和黨羽何倫等人，聽到司馬越去世的噩耗後，倉皇無措，竟然棄城南逃。洛陽最後一丁點武裝力量被他們帶走了，這就好像一片枯黃的葉子被抽走了最後一絲綠色。何倫等人也沒有逃遠，很快就被石勒的軍隊攔截住了。一場接觸戰過後，何倫、東海王世子司馬毗等人都被亂軍殺死。王妃裴氏被擄掠賣掉，若干年後輾轉來

到了江南，才恢復了身分。當時司馬睿已經在江南稱帝，他是司馬越的
黨羽，裴氏當年對他也多有照顧。所以，司馬睿為司馬越舉辦了象徵性
的葬禮，並把自己的兒子過繼給司馬越。這些都是後話了。

三

話說司馬越勢力被剷除後，洛陽的情勢危如累卵。

苟晞看到洛陽無兵無糧、敵人兵臨城下，勢必陷落，上表奏請遷
都，還派出由數十艘船隻組成的船隊，運送了五百名士兵、上千斛穀米
進入洛陽。同行的苟晞使者請求司馬熾前往倉垣（今河南開封東北）避
難。這也許是挽救朝廷免於覆亡的最後機會。

司馬熾非常願意遷出洛陽。但公卿大臣們堅決反對，他們有的擔
心遷到苟晞的地盤後自己官爵不保，朝廷可能被苟晞控制；有的則捨不
得洛陽的府邸家財。結果，司馬熾和大臣們爭論了好久，沒有馬上就
走。幾天後，形勢越來越緊張，再不走就要被匈奴人抓走了。司馬熾不
想再爭論了，決心逃亡。他找不到車子，就徒步出宮，身邊只有幾十名
官員、宮人跟從。君臣一行人在洛陽大街上竟然遭遇盜匪搶劫，狼狽異
常，只得返回宮殿。沒有一定的力量保護，司馬熾君臣是沒有能力，也
沒有膽量逃出洛陽城去了。城外，劉曜、王彌、石勒各部叛軍，正不斷
逼近。

六月十一日，叛軍從南邊進入洛陽城，將官署、宮殿的珍寶、美
女搶劫一空。司馬熾在宮殿中被俘（一說在逃往長安的路上）。皇太子

司馬詮、吳王司馬晏、竟陵王司馬楙、尚書左僕射和鬱、尚書右僕射曹
馥、尚書閭丘沖、袁粲、王緄、河南尹劉默等被殺，百官士庶死者三萬
餘人。史稱「永嘉之禍」。洛陽城經過八王之亂和此番洗劫，成為一座
廢墟。

　　永嘉之禍的發生，是西晉開國以來種種矛盾累積的惡果。晉武帝司
馬炎時期的大臣何曾曾悲觀地預測王朝很快就會覆滅，對兒子們說：「你
們還能夠免禍。」指著孫子們說：「他們一定會遭到國難。」何曾判斷的
依據是司馬炎君臣聚會的時候，都是談家長裡短、談如何享受，沒有一
個人在關心國計民生。這樣的王朝怎麼能長久得了呢？即使何曾這樣有
先見之明的人，也要對王朝覆滅負責。他們何家一頓飯吃幾萬錢，還說
沒有下筷子的地方，本身就是窮奢極欲的統治階層的一員，對國家發展
毫無裨益。如果沒有八王之亂這樣的內亂，西晉可能還能多維持幾年，
八王之亂的爆發，大大加快了王朝的滅亡。果然到永嘉末年，何曾一家
已經沒有子孫留存在世了。

　　永嘉三年（三〇九年），匈奴人判斷「不出三年，必克洛陽」，他們
果然做到了。

西晉被徹底埋葬

一

　　永嘉之亂在事實上宣告了西晉王朝的覆滅，但北方晉朝的殘餘力量又慘澹經營，勉強把晉朝的旗幟在北方多扛了幾年。

　　永嘉之亂中，皇帝被俘，皇太子遇害，宗室親王四十八人遇害，但是司馬熾的兒子、豫章王司馬端奇蹟般地從亂軍中逃了出來。他隱約記得大將軍苟晞要迎接父皇司馬熾前往倉垣，逃出洛陽後就拚命向東跑，還真讓他跑到了倉垣。苟晞得知洛陽的慘狀後，先和部下大哭了一陣，然後尊司馬端為皇太子，建立西晉的臨時政府。因為司馬熾還活著又不能行使職權，所以司馬端這個皇太子只能代行皇帝職權（承制）。司馬端承制任命苟晞領太子太傅、都督中外諸軍、錄尚書。苟晞樹起大旗後，帶著臨時政府從倉垣遷移到蒙城（今河南商丘東北）駐紮，希望能走出危局。

　　苟晞出身孤微，如今位至群臣之上，志頗盈滿，不顧時局艱難追求起享受來了。他有奴婢將近千人，侍妾美女數十名，終日累夜不出戶庭，縱情肆慾。對外，苟晞刑政苛虐，部下閻亨勸諫他要勤奮振作，苟晞大怒，殺了閻亨。另一個部下明預在家養病，抱病勸諫苟晞：「朝廷正當危難之機，明公親稟廟算，將為國家除暴。閻亨美士，奈何無罪一旦殺之！」苟晞大怒：「我殺閻亨，關你什麼事，竟然抱病來罵我！」這樣一來，部下為之顫慄，再也沒有人勸阻苟晞的荒唐行為了。西晉臨時政府大失人心，加上又遇到疾疫、饑饉，將軍溫畿、傅宣等人紛紛叛變投敵。苟晞實力迅速削弱。

苟晞在危難時刻扛起朝廷大旗，完全有可能把北方還忠於皇室的人士、反對異族統治的人士聚攏在自己周圍，可惜白白浪費了機會。很快，在石勒的進攻面前，苟晞地盤越來越少。最後蒙城被石勒偷襲攻陷，苟晞被俘。石勒先任命他為自己的司馬，一個多月後又殺了他。皇太子司馬端在亂軍中下落不明。

　　話說洛陽淪陷的時候，司馬熾的姪子、十二歲的秦王司馬鄴也逃了出來。司馬鄴跑到密縣（今河南密縣東南），遇到了舅舅、朝廷司空苟藩。苟藩收留了司馬鄴。巧的是，前豫州刺史閻鼎是西北天水人，在密縣糾集了數千流民，準備返回西北故鄉。苟藩去找閻鼎，閻鼎毅然決定保護秦王，延續王朝血脈。全靠這支流民武裝，司馬鄴暫時穩定了下來。

　　苟晞勢力覆滅後，離司馬鄴最近的朝廷勢力就是關中的司馬模了。永嘉之亂發生時，晉朝將軍趙染投降了劉聰，引匈奴劉粲的部隊進攻長安。司馬模戰鬥失利，竟然獻出長安投降了，還是被劉粲處死。司馬模的兒子司馬保繼立為南陽王，堅持作戰；關中未曾失守的一些地方官吏也紛紛堅持抵抗。忠於晉室的軍隊和劉曜、劉粲交戰，連連得勝，包圍了長安。永嘉六年（西元三一二年）四月，劉曜、劉粲等人堅守不住，放棄長安逃跑了。閻鼎與關中眾人聯繫，雙方一致擁戴司馬鄴。司馬鄴隨即進入長安。九月，閻鼎等人推舉司馬鄴為皇太子，建立了新的臨時朝廷。這個小朝廷一建立就陷入了內戰，兩大支柱河南的流民武裝和關中的郡縣軍隊相互不買帳。閻鼎與關中諸將爭權，搶先痛下殺手，無奈力量不濟，遭到關中諸將群起攻之，兵敗被殺。

　　可憐的晉懷帝司馬熾被俘後，被送往平陽。匈奴首領劉聰對他的態度很好，封他為左光祿大夫、平阿公，次年又進封為會稽郡公。當然

了，這些官爵都是虛的，司馬熾實際上處於被軟禁狀態。一次，劉聰對司馬熾說：「愛卿為豫章王時，朕曾經由王濟介紹，認識了愛卿。愛卿當時說聞朕名久矣，還把自己所制樂府歌展示給朕看，對朕曰：『聞君善為辭賦，試為看之。』朕當時與王濟都背了篇〈盛德頌〉，得到卿家的誇獎。愛卿又引朕到皇堂賭博，朕得十二籌，卿與王濟都只有九籌。朕贏了，愛卿還送給朕柘弓、銀研。愛卿還記得嗎？」劉聰一口一句「朕」、「愛卿」的，表面看來是敘舊，是恩寵，可對前朝皇帝司馬熾來說，卻是莫大的諷刺。而司馬熾只能回答：「微臣怎敢忘記，只恨當日沒有早識龍顏。」劉聰又說：「卿家骨肉相殘，何其甚也？」司馬熾再放低身段，回答：「此殆非人事，皇天之意也。大漢將應乾受歷，故為陛下自相驅除。且臣家若能奉武皇之業，九族敦睦，陛下何由得之！」司馬熾只能奉承匈奴人建立的漢國取代司馬家族的晉朝是「天命所歸」。

儘管司馬熾戰戰兢兢，一心委曲求全，劉聰還是對他起了殺心。永嘉七年（三一三年），劉聰命令司馬熾在正月的朝會上穿著奴僕的青衣，為大家倒酒。晉朝的侍中庾珉、王俊等人見狀號哭不止。劉聰殺心更重了，隨即派人毒死司馬熾。司馬熾死時只有三十歲，葬處不明。晉朝祕書監荀崧曾對人說：「懷帝天資清劭，少著英猷，若遭承平，足為守文佳主。而繼惠帝擾亂之後，東海專政，無幽厲之釁，而有流亡之禍。」一個守成之才，偏偏在社稷飄搖、權臣當道的時候被推上皇帝的寶座。這不僅是他個人的不幸，也是王朝的不幸。

晉懷帝司馬熾遇害的消息傳到長安，司馬鄴不用再「承制」了，登基稱帝，是為晉朝的第四個皇帝晉愍帝。

二

司馬鄴即位後，最大的政績（也可以說是唯一的政績）就是決定對匈奴漢國發動「總攻」。根據五月司馬鄴釋出的詔書，這次總攻的目的是「掃除鯨鯢（指漢），奉迎梓宮（懷帝的棺木）」，收復中原；具體安排是兵分三路：幽州王浚和并州劉琨出兵三十萬直取匈奴都城平陽，任命南陽王司馬保為右丞相，率兵三十萬保衛長安，任命琅琊王司馬睿為左丞相，率兵二十萬進攻洛陽。整個計畫雄心勃勃，規模宏大，可惜無異於痴人說夢。晉朝哪裡還有八十萬軍隊啊！三路之中，情況最好的是江南的司馬睿，猜想把正在和南方異己勢力作戰的軍隊拼湊一下，能有幾萬之眾；情況最不好的是關隴一帶的司馬保，地方殘破，朝不保夕，不要說三十萬軍隊，大概連三千人都沒有。

接到詔書後，真正採取行動的只有并州刺史劉琨。劉琨一向愛國，苦於手頭沒有軍隊，就向北邊的鮮卑部落「借兵」。會合了鮮卑援兵後，劉琨勇敢地向平陽進攻了。匈奴人迎頭抵抗，鮮卑人懼戰退兵。劉琨只能無可奈何地跟著撤退了。有人把祖逖北伐也算在響應司馬鄴總攻號召的行列中。但他只能算是部分南遷的中原人士出於恢復家園目的的自發行為，只得到了司馬睿象徵性的支持（可能是司馬睿也要對晉愍帝的詔書敷衍一下）。祖逖北伐的戰果離晉愍帝要求的「進攻洛陽」，相差甚遠（參見之後的「祖逖北伐」）。

夢境破滅後，現實顯得更加殘酷。匈奴軍隊西進侵蝕關中，長安的力量日漸空虛。建興四年（三一六年）八月，劉曜對長安發動總攻，西

晉君臣進行了持續抵抗。到十一月，長安外城失陷，君臣退守小城。城中糧草全無，一斗米貴至黃金二兩，甚至出現了人吃人的慘劇。司馬鄴見國家已經到了窮途末路，不願意連累更多百姓，表示要「忍恥出降，以活士民」。有大臣痛哭流涕，拉著司馬鄴不讓他出降。十一日，晉愍帝司馬鄴按照傳統的君主投降儀式，乘羊車，肉袒（去袖，露出左臂）、銜璧（以口銜璧）、輿櫬（車子上裝著棺木）出城投降。西晉至此徹底滅亡。

劉聰接受了司馬鄴的投降，將西晉君臣安置在平陽。司馬鄴被封為懷安侯。一天，劉聰外出打獵，讓司馬鄴穿上戎裝，像衛兵一樣執戟前導。沿途，老百姓見了，都指點說：「這是原來的長安天子！」有些老人看著司馬鄴，淚流滿面。太子劉粲見狀，主張殺掉司馬鄴以除後患。劉聰沒有馬上接受。十二月，劉聰大宴群臣，就像當年侮辱晉懷帝司馬熾一樣，要求晉愍帝司馬鄴為大家倒酒、清洗杯具。更過分的是，劉聰起身上廁所，命令司馬鄴執蓋隨從。在座的不少晉朝舊臣見狀流淚涕泣，有的還哭出聲來。尚書郎辛賓甚至搶步上前，抱住司馬鄴大哭。劉聰大怒，命令把辛賓拖出去，立即斬首。幾天之後，司馬鄴也被害死，年僅十八歲。

關隴殘餘的南陽王司馬保，在司馬鄴死後自封晉王，企圖以王朝正統自立，無奈他志大才疏，加上無兵無將，不久在隴西遇害。晉朝存續的希望，就看南方的司馬睿的作為了。

石勒：從奴隸到皇帝

一

劉曜的前趙，定都長安。石勒的後趙，以襄國（今河北邢臺）為都城。兩個趙國一西一東，基本囊括了北方，與南方的東晉形成南北對峙。

前後趙這對仇家，一開始卻沒有打起來，維持了多年的和平。因為前後趙內部都不穩定，需要先處理好內務才有能力對外。

前趙的內部麻煩主要有兩個：第一是關中隴右一帶的氏、羌等少數民族並不服從匈奴的統治，有數以萬計的人接連叛亂反抗前趙政權。劉曜採取安撫和遷徙並舉的政策平定叛亂，遷徙二十餘萬人充實長安。第二是安定烏氏（今甘肅平涼西北）人張軌趁中原大亂之際，割據涼州建立前涼政權，名義上向東晉王朝稱臣，威脅前趙的後方。前趙對張氏政權用兵，雖然沒有消滅前涼，但迫使前涼服軟稱臣。

再說說後趙的情況。說到後趙，得大書特書它的建立者石勒。石勒是并州的羯人，年輕時遇到大災荒，被當時的并州刺史司馬騰抓起來當作奴隸押到山東出賣。這個司馬騰是司馬越的弟弟，在荒年竟然想出販賣異族百姓為奴賺錢「以充軍實」的餿主意來，嚴重激化了民族矛盾。在山東，石勒表現突出，很有威望。主人最終釋放了他。石勒在山東地區遊蕩了幾年，結識了馬牧帥汲桑。西元三〇五年，石勒和汲桑趁亂集合幾十個夥伴，起兵為寇。在民族矛盾激化的背景下，石勒很快就組織了以羯族為核心的武裝力量。他和汲桑曾攻下河北重鎮鄴城，殺死了販賣過他的司馬騰。汲桑戰死後，石勒率部投靠了匈奴劉淵。當時匈奴漢

朝的力量主要集中在并州、關中和河南地區，在山東、河北地區的擴張主要依靠投靠匈奴的各支雜牌軍。

除了石勒，當時東部打著匈奴漢朝的旗號作戰的還有王彌的軍隊。王彌是漢族人，趁亂起兵，軍隊以漢族人為主，實力足可與石勒相對抗。東部地區基本就是石勒和王彌的天下。他們掃蕩了東部地區的西晉軍隊，並和匈奴的劉聰軍隊相配合製造了「永嘉之禍」，各自殺戮了數以萬計的西晉王公官吏。共同的敵人被消滅後，並肩作戰的朋友就變成了敵人。

一山難容二虎。石勒和王彌首先開始內訌。王彌圖謀石勒，可惜缺乏政治技巧，思慮也不周全。他幻想透過恭維拍馬屁，讓石勒放鬆警惕。石勒在青州大獲全勝後，王彌故意寫信給石勒說：「石公俘獲苟晞卻赦免了他，何其神勇啊！讓苟晞為公左膀，我王彌來做您的右臂，石公就可以平定天下了。」石勒當然不相信王彌的鬼話，開始提防著王彌。王彌軍隊數量不少，卻分散兵力，分兵攻略地方。他親自領兵南下，和東晉大軍在壽春（今安徽壽縣）相持，情況不妙，就向石勒求援。石勒當時正在和「乞活軍」陳午的隊伍鏖戰，不想增援王彌。石勒的漢族謀士張賓勸他：「您常常擔心王彌的掣肘，這次是個解決他的好機會。陳午小豎，何能為寇？王彌人傑，將為我害。」石勒聽從張賓的意見，親自率軍增援，擊敗晉軍。王彌以為石勒和自己推心置腹，先對石勒放鬆了警惕。不久，石勒請王彌赴宴，王彌不顧部屬勸阻，貿然前往，結果在席間被伏兵殺害。王彌的部下或散或降。石勒軍隊成了東部最強大的勢力。

石勒和王彌名義上都是匈奴漢朝的大將。石勒擅自殺害王彌，匈奴朝廷嚴斥，可是又不能追究石勒的罪責，只能默認了石勒在東部的獨尊

地位。石勒名義上仍為匈奴之臣，實際上已獨立行動了。

　　石勒軍隊起初都是流動作戰，沒有後方，沒有給養，沿途劫掠，是不折不扣的流寇。永嘉六年（三一二年）初，石勒計劃攻克建業，劫掠富庶的東南地區，在江淮地區遭到晉軍的層層抵抗。司馬睿會集江南兵力防禦石勒，江淮地區又連降大雨，石勒軍隊陷入了困境。飢餓和傳染病奪走了半數官兵的生命。石勒真真切切地感受到了沒有土地和人民就沒有立國之本。環顧天下，長江流域、關中和巴蜀都有主人了，剩下的就只有山東、河北了。石勒毅然回軍北上，去爭奪河北和山東。

　　漢代以來，河北最重要的城市是鄴城（今河北臨漳縣內），石勒長驅直入進攻鄴城，苦於鄴城高大牢固一時難於攻下，退而占領襄國。從此，石勒以襄國為根據地，四處消滅河北地區的塢堡，收集糧草和人口充實襄國。石勒在襄國做大，逼迫北方幽州的西晉殘餘勢力不能等閒視之。西晉幽州刺史王浚集合數萬主力，聯合遼西鮮卑段匹磾等人進攻襄國。石勒在這場關鍵戰役中，死死支撐了下來，陸續消滅西晉部隊，對段氏鮮卑先擒後縱再贈送厚禮重金。段氏鮮卑感念石勒，與他結盟，並收兵撤還遼西。段氏鮮卑從此傾向石勒。王浚見情勢不妙，撤軍北逃。建興元年（三一三年）四月，石勒姪子石虎攻克鄴城，冀州盡入石勒囊中。

　　幽州刺史王浚為晉朝堅守北方的飛地，名為晉臣，長期脫離朝廷起了不臣之心，奢縱淫虐，署置百官，就差割據稱王了。石勒依張賓之計，利用王浚割據之心進獻厚禮，表示擁戴其稱帝，還厚賂王浚的女婿棗嵩。為了麻痺王浚，當晉朝的范陽守將游統暗中派遣使者聯繫石勒投靠時，石勒殺死使者送給王浚。晉廷為了保持飛地，升王浚為大司馬，把幽州、冀州託付給他；升劉琨為大將軍，把并州託付給他。晉朝的使

者先到襄國。石勒將之視為一個機會，把精銳軍隊都隱匿起來，在晉朝來使面前故意示弱，再寫信給王浚，假稱要親赴幽州勸進，又寫信給棗嵩，吹噓他功勞顯赫，要為他請官晉爵。王浚得到使者回報，相信石勒兵力薄弱，輕信石勒勸進的假話，毫無戒備。王浚做著白日夢，石勒卻領兵日夜兼程偷襲幽州，兵不血刃地迅速推進到薊城（幽州州治，在今北京市西南）城下。途中有官員見石勒來意不善，派人報警。王浚竟然殺死報信人，此後再無人報警了。石勒看到薊城沒有防備，擔心有伏兵，藉口獻禮，先驅趕牛羊數千頭入城，塞住街巷，讓城內一片混亂，然後殺入城去，俘獲王浚，押送襄國斬首。幽州也成了石勒的領土。

此後就發生了匈奴內亂，劉曜和石勒分立。劉曜要處理關中的麻煩，石勒則要與割據青州的曹嶷作戰。曹嶷是漢族人，是王彌的餘部。當初王彌分兵派遣曹嶷攻略青州。曹嶷在王彌死後獨立於各派勢力，在感情上傾向晉朝。石勒為了籠絡曹嶷，對他拜將封爵。曹嶷勢單力薄，覺得東晉過於遙遠難以為援，不得不接受了後趙的任命。原來的青州州治淄博地處平原，難以防守，曹嶷找了靠山臨水、易守難攻、交通發達的地方，修建了廣固城（今山東青州市益都鎮），做了長期堅守的打算。太寧元年（三二三年），石勒派遣石虎率步騎四萬討伐曹嶷。曹嶷自知不敵，計劃避徙海中儲存實力。不想疾疫流行，曹嶷還沒成行，石虎大軍就包圍了廣固城。曹嶷投降，押送襄國遇害。攻陷廣固城後，殘忍的石虎坑殺軍民數萬人，揚言要殺盡居民。後趙新任命的青州刺史劉徵說：「沒有居民，我做什麼刺史？我乾脆回去算了！」如此石虎才留下幾百人，交由劉徵這個青州刺史統治。青州也納入後趙版圖。

雙方內部事務都解決了以後，前後趙開始兵戎相見。

前趙劉曜的軍力弱於石勒，便先下手為強，聯合東晉軍隊搶先對

石勒發動進攻。東晉司州刺史李矩、潁川太守郭默等人將石勒看作製造「永嘉之禍」的元凶，都願意與匈奴聯軍。東晉太寧三年（三二六年），前趙聯合東晉的北方軍隊進攻石勒。兩趙戰爭正式爆發。

石勒派石虎迎戰。雙方在成皋（今河南滎陽）激戰，戰火蔓延到并州，前趙軍隊大敗。劉曜敗歸長安，東晉軍隊或南逃或投降後趙。今天的河南地區完全被後趙軍隊占領。

兩年後（三二八年），輪到後趙軍隊主要進攻了，石虎率兵進攻蒲阪（今山西永濟縣）。劉曜親率精銳馳救，殺敗石虎。石虎狂奔數百里逃到朝歌（今河南淇縣）。劉曜乘勝進軍，包圍了洛陽。後趙軍隊堅守城池，劉曜就採取掘堤水淹的辦法沖灌城牆，洛陽危在旦夕。石勒很重視軍情，幾乎是傾國而出分兵三路救援洛陽。這時劉曜犯了一個錯誤，沒有在外線部署軍隊狙擊援軍，結果導致後趙援軍蜂擁而來。見情勢不妙後，劉曜舉止失措，既沒有加緊圍攻洛陽，也沒有後撤進行必要的挽救部署，反而撤圍洛陽，將十萬大軍都排列在洛河以西，和石勒隔河對峙，等於坐等捱打。石勒主動出擊，命石虎等人攻擊前趙大軍各處，自己也提刀上陣夾擊劉曜。前趙大軍在這場決定性的戰鬥中潰敗。石勒大獲全勝，斬首五萬餘級。當時是冬天，劉曜騎馬從洛河冰面上撤退，結果馬墜於冰上。劉曜身上被創十餘處，成了後趙的俘虜。石勒讓劉曜寫信令留守關中的兒子劉熙投降。劉曜卻寫信要求劉熙：「與大臣匡維社稷，勿以吾易意也。」石勒見劉曜剛硬不降，就殺了他。

劉曜本以為兒子劉熙堅守關中，還可同石勒一搏。實際上主力覆滅劉曜身亡，前趙立即分崩離析。關中大亂，三二九年正月，劉熙得知父親的死訊後，竟然逃離長安，躲到上邽（今甘肅天水市）去了。留守長安的前趙軍隊投降後趙。劉熙這時候又後悔了，在夏天反攻長安，沒有

成功，將前趙最後的實力也折損了。石虎乘機攻克上邽。前趙亡。

　　至此，除了遼東慕容鮮卑建立的前燕政權和河西張氏外，石勒統一了北方其他地區。後趙領土東接大海、北到長城內外、西達隴西與張氏政權接壤、南到江淮與東晉王朝對峙。西元三三○年石勒稱帝。從奴隸到皇帝，石勒創造了一個奇蹟，這是只有亂世才有可能的奇蹟。石勒可能是中國歷史上出身最底層的皇帝。同時期，只有賭棍出身的南朝宋武帝劉裕的經歷才能和石勒的奇蹟相比。

<h2 style="text-align:center">二</h2>

　　石勒是一個有作為的皇帝。他出身少數民族，又當過奴隸，對社會實情和百姓疾苦有切身的感受，尤其是對西晉末年百姓流離失所、流民充斥鄉鎮的亂局記憶深刻，建立趙王政權後，石勒就留意農業生產，派遣使者巡行州郡，招募流民，勸課農桑。隨著後趙政權的穩定，流民相繼歸附石勒，之前農田荒蕪、百業凋敝的景象有所緩解。

　　石勒所代表的羯族整體漢化程度不高，政治體制比較落後。石勒能夠意識到漢族政治制度的優越性，在征戰過程中吸納漢族政治文明。張賓是石勒早期任用的漢人謀主，為後趙建立奉獻了許多智慧，石勒非常敬重他，尊稱為「右侯」，凡大事必詢問他。張賓死後，石勒一度痛不欲生。石勒不識漢字，就找儒生讀書給自己聽。一次，儒生讀《漢書》，讀到酈食其勸劉邦分封六國後人時，石勒大驚，說這樣做會天下大亂的。後來聽到張良勸阻，石勒連忙說：「賴有此耳。」說明石勒對漢族政治文

化已經有了相當的認同。雖然後趙政權也像匈奴政權一樣保留了許多游牧民族制度，但已經大量採納漢族的制度。石勒初起時，對西晉王公大臣、塢堡主及士大夫大開殺戮。後來他逐漸意識到爭取漢族上層，尤其是留在北方的氏族豪門的支持的重要性。石勒在俘虜中區分士庶，將士族集為「君子營」，以示優待；在戰亂中下令梳理地方家族譜系，明令不准侮易衣冠華族。建立政權後，石勒恢復魏晉以來的九品中正制度，吸收氏族進入後趙政權。河東裴氏、京兆杜氏、清河崔氏、潁川荀氏都有人被後趙政權擢用。氏族大家出於保全性命和家族利益的考慮，在形式上願意加入後趙政權，卻並不能真心地效忠異族統治者。范陽盧堪被後趙委以要職，就一直以屈身事胡為恥，一再告誡子孫，在他死後不要在墓碑上刻上他在異族政權中任職的經歷。這一方面和北方漢族人堅持「夷夏有別」、奉南方的東晉為正朔的觀念有關，一方面也反映出北方激烈的民族矛盾始終存在。

儘管有所自我約束，石勒骨子裡還是個殘暴的人，奉行民族壓迫政策。石勒忌諱別人提及他的異族出身，後趙法令明確規定：無論說話寫文章，一律嚴禁出現「胡」字，違者殺無赦。百姓們不得不將日常食用的胡瓜改名為「黃瓜」。至於殺戮漢人、強迫移民等措施，更是激化了漢族與少數民族的矛盾。胡族政權在數百年中，從沒有真正得到北方漢人的擁戴與合作，以致始終不能在北方建立絕對的權威和牢固的基礎。這可以說是少數民族政權雖然迅速崛起開朝立國，卻又迅速崩潰的主要原因。

西元三三三年夏，石勒病死，遺詔令太子石弘繼位。他從極其卑微的立足點出發，開創了一份碩大的產業留給子孫，不知道子孫能否發揚光大？

冉魏：放把火就死

冉魏：放把火就死

一

石勒死時，後趙的實權被鐵腕人物石虎所掌握。石虎是石勒的姪子，為人殘暴，善於征戰，為後趙的建立立下汗馬功勞，本人也逐步掌握了軍政大權。石虎野心勃勃，就等著石勒死後自己做皇帝，都布置好武士要搶位置奪權了。太子石弘知道自己不是對手，嚇得主動宣告自己無才無德，石虎才是真龍天子。但石虎考慮到石勒屍骨未寒，強登皇位容易樹敵，恐怕還會受到世人的唾罵，就虛情假意地擁戴石弘稱帝。石弘稱帝後，完全是石虎的傀儡，封石虎為丞相、魏王、大單于，總攝朝政。石虎將兒子親信紛紛安排在重要部門，進一步控制了政權，終於在咸和九年（西元三三四年）廢石弘，自稱居攝趙天王。之後，石虎誅殺了石弘及石勒的其他兒子，從襄國遷都鄴城，西元三四九年稱帝。

石虎繼承了石勒凶殘的性格和民族壓迫政策，掌權後強化胡漢分治政策，設定大單于統治各少數民族，與漢族的行政管理制度完全分開，又強行規定稱漢人為「趙人」，胡人為「國人」，並嚴禁呼羯為胡。為了充實新首都鄴城，石虎強迫各族人民遷往鄴及其周圍地區。據說石勒和石虎兩代人殺戮漢人超過百萬，「至於降城陷壘，不復斷別善惡，坑斬士女，鮮有遺類」。建政後，石虎故意對漢人徵發繁重的賦稅與徭役，進一步激化了後趙內部各種矛盾。石虎本人漢化程度不高，對游牧生活很留戀，將黃河以北中原地區的數萬平方公里土地劃為狩獵圍場，規定漢人不能向其中的野獸投一塊石子，否則即是「犯獸」，將處以死罪。結果發生了許多百姓被野獸害死或者吃掉的慘劇，漢人地位竟不如野獸。而石

虎對此解釋說：「我家父子如是，自非天崩地陷，當復何愁？」當時「北地滄涼，衣冠南遷，胡狄遍地，漢家子弟幾欲被數屠殆盡」。

石虎的荒淫無度、率性胡為，讓各種矛盾糾結在一起，把後趙政權推到了火山口上。比如石虎追求個人享樂，在鄴城修建宮殿臺觀，又營建長安、洛陽的宮殿，長期役使百姓超過四十萬；為征討前燕，石虎又徵召超過五十萬百姓準備軍資。石虎統治期間，徭役繁興，徵調頻仍，能夠安心從事農業生產的百姓不過十分之二三。令人髮指的是，石虎為了充實後宮，強徵民間數萬女子入宮，如果已經婚配就將丈夫殺死強拉妻子入宮，導演了一幕幕人間悲劇。百姓紛紛用各種形式加以反抗，石虎一味加重刑罰，統治更加殘暴。

石虎的家庭生活也一團糟。太子石邃因為父皇寵愛弟弟石宣和石韜，擔心地位不保而陰謀叛亂篡位，事洩後被殺。石虎立石宣為新太子，卻加倍寵愛石韜，再次激化兒子內部矛盾。新太子石宣嫉恨石韜，兩兄弟經常發生衝突。石宣殘忍地將石韜砍掉手足、刺爛雙眼、挑破肚子，石韜慘死。石宣借石韜喪禮的計畫，一不做二不休，計劃暗殺石虎篡位。石虎知道真相後，用同樣的酷刑將石宣處死。石宣之死，是西元三四八年的事情。石虎殺太子後，把無辜的東宮官吏、衛士十餘萬人謫戍涼州。

西元三四九年，一萬多獲罪的東宮官兵被押送到雍城（今陝西鳳翔）的時候，發動起義。這場起義點燃了大叛亂的引信，關中各族百姓揭竿而起，加入起義隊伍。起義軍所向披靡，攻略長安，殺出潼關，人數超過十萬。石虎派大司馬李農調集重兵鎮壓，反而被起義軍打敗。後趙的軍隊經過一叛一敗，元氣大傷。石虎不得不利用其他少數民族武力來鎮壓心腹大患。氐族貴族苻洪和羌族貴族姚弋仲紛紛組織軍隊，合兵

進攻，終於鎮壓了起義。起義雖然失敗了，後趙的根基也被掏空了。後趙自己的軍隊在重重矛盾中基本失去了戰鬥力，其他少數民族的武裝尾大不掉，開始威脅石虎的統治。石虎生命的最後幾年籠罩在一片憂愁和驚恐之中，在西元三四九年一命嗚呼。

二

石虎死後，諸子爭立，骨肉相殘，導致帝國分崩離析。第二年（三五〇年），政權落入一個漢人的手裡。這個人就是石閔。

石閔原名冉閔，是并州「乞活軍」的後代。「乞活軍」是特殊年代的產物。西晉末期，北方連年災荒，大災之後又趕上瘟疫和之後的八王之亂、五胡亂華，人們最基本的生存條件都喪失了。許多地區赤地千里，餓殍遍野，牛羊貓狗都被吃了，老鼠草根也被刨出來吃了，最後出現了「易子而食」、「人相食」的人間慘劇。人禍接踵而來。比如在并州「寇賊縱橫，道路斷塞」，又「數為胡寇所掠」，到處是跨馬持刀的凶徒，弱肉強食，簡直是人間地獄。西晉各級官府「府寺焚毀，邑野蕭條」，「郡縣莫能自保」，更談不上保護百姓。於是，數以十萬計的流民四處流徙，尋找一切可以吃的東西和安全的地方。在流蕩哄搶的過程中，流民既要搶掠生存又要自衛，逐漸形成了自發的武裝組織。軍官出身的田甄、李惲、薄盛等人最後將并州流民組織起來，隨司馬騰「就谷冀州，號為『乞活』」。這就是乞活軍的來歷。

乞活軍在五胡十六國前期是一支重要的政治軍事力量，先是跟隨司馬騰鎮守鄴城，與成都王司馬穎作戰。後來石勒和汲桑殺死了司馬騰，乞活軍在田甄的帶領下，替司馬騰報仇，殺死了汲桑。失去司馬騰這個首領後，乞活軍發生了分裂：一部分在李惲、薄盛帶領下投奔了司馬騰的哥哥、東海王司馬越。司馬越死後，這部分乞活軍流竄在山東河南等地，與石勒軍隊多次交戰，最後被石勒消滅；另一部分乞活軍在田甄率領下前往上黨（今山西長治一帶），最後也被石勒打敗，餘部陳午等投降石勒。正宗的乞活軍就此消失了。不過日後陸續還有一些流民冒用「乞活」的旗號，悲壯地起兵造反。

傳說，投降的陳午部隊中，有一個人叫做冉瞻，只有十二歲，卻精明能幹，很受石虎喜愛。石虎將他收為養子，冒姓石。石瞻後來生下一個兒子，取名「石閔」，石虎認石閔為養孫。還有一種說法是石閔是石虎的養子。雖然說法不同，但石閔原名冉閔，是漢人子孫的史實是確定的。《晉史》描述冉閔「身高八尺，善謀略，勇力絕人，攻戰無前」。在後趙時期，冉閔臨戰都衝鋒在前，奮勇殺敵，深受石虎的器重，進而掌握了部分軍隊。石虎死後諸子爭位，當時漢族百姓普遍要求驅逐殘暴的羯族統治者，擁護漢族出身的冉閔發動政變推翻後趙。冉閔就是在這樣的背景下於西元三五〇年奪取政權稱帝，改國號為魏，建都鄴城，史稱冉魏。這是十六國時期唯一一個在中原建立的漢族政權。

冉魏政權非常短暫，僅僅存在三年時間。它僅僅依靠部分漢族武裝趁羯族內亂倉促建立，統治區域局限於黃河中游的南北地區 —— 其他地區為後趙殘餘或趁亂割據的其他少數民族占領。就是在冉魏有限的統治區域內，民族矛盾惡化。支撐這個政權的精神動力就是驅逐胡族，光復漢家天下。冉閔本人就是狂熱的民族主義者，掌權後就下令鄴城城中：

冉魏：放把火就死

「今日以後，與官同心者留，不同者各所任之。敕城門不復相禁。」鄴城大門晝夜不關，供百姓選擇到底是支持新政權還是反對新政權。羯族和其他少數民族驚恐不安，紛紛逃出城去；而漢族人熱誠支持新政權，紛紛湧入城來，「於是趙人百里內悉入城。胡、羯去者填門」。漢族和少數民族的矛盾極端激化，百姓互不信任。冉閔見少數民族都不支持自己，殺胡之心頓起。他宣布：「趙人斬一胡首送鳳陽門者，文官進位三等，武官悉拜門牙。」這便是公開的「殺胡令」。一日之中，數萬胡人被殺。積怨已久的漢人大開殺戒，凡是見到眼眶深刻、鬚髮發黃等胡人特徵的人一律殺死。被冉魏政權屠殺的胡人猜想超過二十萬。胡人或者拿起武器自衛，反攻漢人，或者成群結隊返遷塞外。華北陷入一片混亂，人們相互攻殺，屍橫遍野。各少數民族經過數十年的遷徙征戰，依然分布各地，組織相對漢人嚴密，在殺胡令的威脅下群起圍攻冉魏政權。形勢很快就對冉魏政權不利了。

冉閔對南方的東晉王朝抱有好感，派遣使者聯繫東晉，希望聯合起來驅逐胡族。東晉君臣對冉閔很不信任，聽說冉閔竟然已經稱帝，斷然拒絕聯軍的要求。冉閔只能靠奮勇作戰來挽救局面。冉閔政變後，石虎的兒子石祗在襄國自立，並起兵討伐冉閔。西元三五一年，冉閔將後趙殘餘劉顯的部隊殺得大敗，劉顯請降，願殺石祗以報。劉顯回軍殺死石祗。西元三五二年正月冉魏攻克襄國。後趙滅亡。連年作戰，冉閔賴以征伐的軍隊疲憊不堪。慕容鮮卑的前燕政權趁亂先攻占幽州，如今又趁機大舉進攻冉魏。冉閔又向東晉王朝求援，東晉對冉閔依然沒有好感，相反對一再上表稱臣的前燕政權很有好感，所以坐視前燕政權步步強大，冉魏日日削弱。冉閔集結漢族軍民，以一萬之眾抵抗十四萬鮮卑大軍的進攻。在決戰中，冉閔奮勇衝鋒，在敵陣殺進殺出。傳說他左手執

雙刃矛，右手執鉤戟，殺死燕兵三百餘人，最後馬倒被擒，死於燕都龍城（今遼寧朝陽）。同年夏，鄴城陷落，冉魏滅亡。

冉魏驟亡後，華北東部地區為前燕占領，關中地區被前秦占領，北方進入了前燕和前秦對立的階段。

慕容家有內訌傳統

一

鮮卑人的祖先居住在鮮卑山（今內蒙古東北），故而稱為鮮卑。一般認為鮮卑人是東胡的一支。「鮮卑」一詞最早出現在東漢。在《三國志》、《後漢書》中鮮卑與烏桓並稱東胡，東漢初年烏桓人大量遷入塞內，與之相鄰的鮮卑人也跟著南遷，這些鮮卑部落大多聚居在遼東一帶。後來又有鮮卑部落內遷至遼西，因此又有遼東鮮卑、遼西鮮卑之分。慕容鮮卑是遼東鮮卑的一部分。南遷的這些鮮卑部落依然過著豪邁的草原生活，「放馬大澤中，草好馬著膘」，尚武崇力，聚散不定，呼嘯成軍。

話說遼東鮮卑一共有三部。慕容鮮卑部位於遼東鮮卑的中部，東西分別為宇文鮮卑和段氏鮮卑所包圍，而實力弱於兩部。慕容家族的首領莫護跋在曹魏初年率領其部內遷到遼西一帶。司馬懿討伐公孫淵時，莫護跋隨戰有功，被封為率義王，在遼西的昌黎大棘城（今遼寧義縣西北）建國。莫護跋家族開始學漢人戴上「步搖冠」，邁著方步走路，被稱為「步搖」，後轉音為「慕容」。慕容鮮卑以此得姓。莫護跋的孫子慕容涉歸也因為協助朝廷征討立功，被晉武帝封為鮮卑大單于。慕容部又轉遷到遼東北部。在不斷的遷移過程中，慕容部落越來越接近漢族地區，逐漸漢化。

歷史此時賜予了鮮卑族一位傑出的領袖：慕容涉歸的兒子慕容廆。

慕容廆小的時候就被譽為「命世之器，匡難濟時」。父親慕容涉歸死後，叔叔慕容耐透過政變奪取了部落大單于之位，還派人刺殺慕容

廆。年幼的慕容廆只好向南逃，開始亡命遼東，幸好被好心的漢人收留掩護才倖免於難。在漢人地區生活期間，慕容廆不知不覺地接受了許多漢人的文化和政治智慧，深深烙上了漢文明印記。不久，慕容耐被手下人所殺。慕容族人公迎慕容廆為新單于。

慕容廆上臺之初就將從漢人那裡學來的智慧運用到了部族的內政外交上。他首先發現了並不被祖先和其他部落重視的西晉王朝的價值，主動遣使覲見晉武帝，接受了晉朝官職，表面上自為藩屬，實際上使弱小的慕容部鮮卑獲得了「尊王」的金字招牌，多了一重保護；其次，慕容部重金聯繫其他兩部鮮卑。段氏鮮卑是當時遼東各部中實力最強者，慕容廆便迎娶了段部單于的女兒為妻。慕容廆深知，稱霸必先圖強。中原八王之亂正酣，稱王稱霸者前仆後繼。遼東最強的段氏鮮卑排斥避難而來的中原移民和漢族士大夫。而慕容廆政法分明、用人唯才，很快集中了北方五州的大量流亡士人。慕容廆移居大棘城，教人耕種，制定與漢人相似的法令法規。慕容鮮卑加速了漢化過程，迅速繁榮起來。

晉惠帝太安元年（西元三〇二年），慕容部近鄰宇文鮮卑的首領宇文莫圭統一了塞外的東胡各部，自稱單于，將進攻矛頭指向慕容部。氣勢洶洶的宇文大軍進攻慕容部邊境各城。慕容廆沉著冷靜，親自迎戰，首戰告捷。宇文部很快又集結了十萬大軍捲土重來，將慕容廆包圍在大棘城中。一時間，亡國烏雲籠罩慕容部落。慕容廆卻談笑自若，說：「敵兵雖多，但卻毫無章法可言。勝負早在我的算計之中了。諸位只管拚力一戰，沒什麼好愁的！」他激勵士氣，主動出戰。宇文軍隊多而不精，面對衝擊亂作一團，潰敗得一塌糊塗。此戰，慕容部追擊上百里，斬首數以萬計。宇文鮮卑不得不遠逃塞外，慕容部一躍由弱而強。

慕容廆戰後又花了多年時間消化建設已有的疆域，整編訓練軍隊。

他採納漢王朝的郡縣制，建立完備的政權系統與機構，設宰相、司馬、列卿將帥等官職，同時「起文昌殿，乘金根車，駕六馬，出入稱警蹕」。《晉書》也承認慕容氏政權「皆如魏武、晉文輔政故事」。晉室早已南逃，司馬睿在南京稱帝，遙拜慕容廆為龍驤將軍、大單于。慕容廆繼續尊奉東晉為正統，派遣使者透過海路通使東晉，從而以東晉皇命討伐各部，收斂人心。

慕容鮮卑勢力的壯大促成了遼東的晉朝殘餘勢力和高句麗、段氏鮮卑、宇文鮮卑等勢力的集體敵視。遼東此時是南遷建康的東晉王朝的一塊「飛地」。東晉任命的平州刺史崔毖表面上是本地區的「最高軍政長官」，實際上他的話只在衙門裡算數。而高句麗和兩部鮮卑不願意慕容鮮卑做大 —— 他們不懂合作雙贏的道理，就在崔毖的撮合下組成了四方聯軍討伐慕容部，挑起遼東史上規模最大的一戰。

晉太興二年（西元三一九年），聯軍浩浩蕩蕩攻入慕容部的境內。

慕容鮮卑遇到了崛起路上的第一個難關。

四方聯軍潮水般湧來，很快就將大棘城圍得水洩不通。慕容廆知道本部兵馬不足以硬碰硬，在戰爭初期以逸待勞，拚死頂住。慕容廆透過戰火，很快就判斷出四方聯軍的致命缺陷。那就是他們的瘋狂進攻只是表象，沒有一致的戰鬥目標。宇文鮮卑的鬥志最強，段氏鮮卑和高句麗是因妒忌而出兵，而崔毖就是一個空頭司令。慕容廆制定了分化瓦解，各個擊破的策略。聯軍畢竟是烏合之眾，缺乏統一指揮系統。三國的軍隊日日圍攻大棘城，慕容廆只管閉門固守。聯軍長期求戰不得，沒事做就開始互相猜忌。這時慕容廆乘機派人帶著牛肉美酒出城，以崔毖的名義犒勞宇文鮮卑軍隊。宇文部也是太大意了，和來人把酒言歡起來。段氏鮮卑和高句麗看到宇文部與慕容廆聯歡，很自然懷疑他們在進行對自

己不利的把戲，當即領軍退卻，在戰場上觀望起來。宇文部首領宇文悉獨官得知中計後惱怒異常。他也不向盟軍解釋（有些事情越解釋可能越說不清楚），只得盡起本部數萬士兵，連營三十多里，單獨加緊攻城。

恰巧慕容廆兒子慕容翰的軍隊從外地回援都城。慕容廆命令兒子回城協防，慕容翰見城內防衛力量足夠，認為不如留駐城外充作奇兵，等候時機內外夾攻。於是慕容翰軍遊弋戰場之外。悉獨官感覺慕容翰是個禍患，決定分派數千騎兵突襲慕容翰。慕容翰的情報工作做得很好，事先得知了宇文部的偷襲計畫，當機立斷，派人冒充段氏鮮卑的使臣半路攔截悉獨官的騎兵，請求帶路，協助打擊共同的敵人。宇文部不長記性，又一次輕易地信以為真，隨同來人闖進了慕容大軍的埋伏。一戰下來，宇文部騎兵全軍覆沒。慕容廆、慕容翰父子乘勝追擊，內外夾擊。世子慕容皝率領精銳部隊突襲悉獨官大營。宇文部潰不成軍，三十里連營一片火海。宇文鮮卑被擊垮後，晉朝殘餘勢力匆忙撤出遼東，鮮卑其餘各部紛紛向慕容部稱臣；高句麗之後兩次被慕容翰等人擊敗，從此對遼東事務敬而遠之。

慕容廆囊括整個遼東，派使到建康報捷。司馬睿順勢封他為平州刺史，遼東郡公。

晚年的慕容廆日子過得很瀟灑，主要在遼東操練兵馬，偶爾指點一下越來越混亂的天下局勢。據說他曾經寫信勸東晉名將陶侃 —— 大文豪陶淵明的爺爺率軍北伐，消滅匈奴人建立的趙國，表示鮮卑族願為北方接應。計畫沒有執行，陶侃和慕容廆先後去世。

二

任何事業的開創都離不開偉大人物的領導。如果偉大人物不止一個，就面臨著誰是領袖的選擇問題，畢竟領袖只能有一位。

對於迅速崛起的少數民族來說，艱苦的環境和複雜的鬥爭能夠錘鍊許多領袖級人物。中國歷史上的少數民族在崛起之時總是人才濟濟，於是也就面臨著領袖之爭。上天眷顧慕容家族，賜予了他們精明強幹的頭腦。遺憾的是，慕容家族在立國後就爆發了骨肉猜忌的內訌。

慕容廆病逝後世子慕容皝繼位。慕容皝非常猜忌庶長兄慕容翰的功績和能力。慕容翰於是投奔了夙敵段氏。段氏大喜，擁戴著慕容翰要去與慕容皝爭國。段氏鮮卑的軍隊很快湧入慕容部的土地。眼看慕容皝即將大敗，慕容翰不忍祖國滅亡，與段氏臨陣淚別，跑到宇文部裝瘋行乞流落街頭。段氏鮮卑轉勝為敗，慕容皝轉憂為喜。

那一邊，同是慕容廆之子的慕容仁和慕容昭看到慕容皝迫害慕容翰，心裡不能不有所「想法」。他倆也是闖蕩過刀槍劍雨的，決定狠心殺掉慕容皝，既為自保，也為權力。慕容皝察覺後，先下了手，將兩位同胞兄弟殺死。

經過這件事情後，慕容皝開始想念哥哥了。他派人將慕容翰接回了本國。慕容翰不計前嫌，為弟弟攻滅了宇文部鮮卑，並東敗高句麗。隨著哥哥功績聲望日增，慕容皝再次害怕慕容翰奪位。重燃的猜忌之情迅速膨脹，一次慕容翰受傷在家養病，慕容皝以慕容翰常在家中練劍圖謀造反為由，送去毒酒賜死。慕容翰流淚道：「今天我死，命當如此。但是

中原還被逆賊占領，國家並不平靜，我常常以掃平天下，完成父王遺願來激勵自己，現在不能滿足心願了。命也奈何。」說完飲鴆身亡，令人扼腕。

慕容皝死後，子慕容俊繼立。冉魏取代後趙，中原大亂，冉閔又大開殺戒激化了矛盾，這為慕容家染指中原提供了可乘之機。西元三四九年，慕容鮮卑大舉進攻後趙，奪得幽州，遷都於薊（今北京）。這個發源於遼東的割據政權從此越過長城，開始進軍中原。三年後慕容部擊滅冉魏，占有河北，慕容俊正式稱帝，定都鄴城，國號燕。慕容家族得以在第三代人手中登上了皇位，建立了前燕王朝。前燕在強盛之時基本繼承了後趙除關中之外的其他領土。

前燕建國之後，父輩骨肉猜忌的內訌就再次重演。慕容皝的兒子們都能力出眾，尤其以慕容俊、慕容恪、慕容霸為最。慕容皝特別喜愛屢立軍功的慕容霸，令太子慕容俊非常嫉妒。慕容霸少年時喜歡打獵，有一次從馬上跌下來，折斷了牙齒。慕容俊登基後，以敬仰春秋時晉人郤缺為藉口，命慕容霸改名為「垂夬」，後來又去掉「夬」，定名叫「垂」。「垂」是個非常不吉利的名字，遠遠不如「霸」字。可是慕容霸沒辦法，只好垂下腦袋聽命。慕容俊的老婆吐谷渾皇后以嫉妒強悍著稱。慕容垂的結髮妻子段氏清廉自守，與丈夫恩愛異常。但是吐谷渾皇后妒忌地尋機將段氏治死，並逼慕容垂迎娶自己的妹妹長安君。慕容垂卻喜歡上了段氏的妹妹。惱怒的吐谷渾皇后竟對慕容垂動了殺機。慕容垂不得不委曲求全，韜光養晦，不談政治，更不去招惹皇帝和皇后。

西元三六〇年，慕容俊病死，十一歲的太子慕容暐繼位，慕容俊臨死前想把小皇帝託付給慕容恪，可是又不信任慕容恪，於是試探他說：「我想把社稷交給你。」慕容恪不肯接受。慕容俊假裝生氣說：「我們兄

弟之間何必虛飾！」慕容恪回答：「陛下如果認為臣擔當得起天下重任，難道就不能輔佐少主？」慕容俊這才放心，說：「你能像周公輔佐周成王那樣輔佐我的兒子，我就完全放心了。」

新皇登基後，慕容恪以太宰身分輔政。慕容恪被後世稱為「十六國第一名將」。在他主政期間，燕國不僅穩固了華北，還一度攻占了東晉的河南、淮北等地，使國家疆域達到極盛。

大名鼎鼎的東晉桓溫在西元三六九年率五萬晉軍北伐，要來復仇，燕軍連敗失地。慕容垂臨危受命，領兵迎戰。他派弟弟慕容德去劫斷晉軍糧道迫使桓溫後撤。慕容垂率軍追擊，在襄邑大敗晉軍。據說慕容垂在戰鬥中採用了最早的「枴子馬」和「鐵浮圖」的戰術。好在桓溫北伐只是為自己立威，無心再戰，逃回江南內鬥去了。慕容垂逼退桓溫，幾乎成了國家再造功臣。

沒想到，慕容垂回到家中卻得知心愛的段氏的妹妹被吐谷渾太后殺死的噩耗。慕容垂品嘗到了功高震主的危險。好心人還悄悄告訴慕容垂歹心的吐谷渾太后有將他治死的陰謀。慕容垂只能淡淡一笑，守在家裡過起更加謹小慎微的日子。好在他功勳卓著，吐谷渾一時難以消滅他。

西元三六七年，慕容恪走到了生命盡頭，臨死前對少主慕容暐說：「皇叔慕容垂才能勝我十倍，先帝因長幼的次序，用臣輔政。我死後他可做大司馬，號令全國軍隊。如果那樣，我國必能一統天下。」慕容恪又叮囑慕容暐的兄長慕容臧說：「你們的叔叔慕容垂總統六軍，人才不可忽視。我死之後，以親疏而言，應該輪到你和慕容沖。你們弟兄雖然才能出眾，畢竟年紀還輕，不見得能夠挑得起這副擔子。慕容垂是人中豪傑，智謀無人能及。你們若能推舉他做大司馬，必能一統天下。你們千萬不要貪戀官職，不以國家為意。」弟弟慕容評來探望，慕容恪再一次

推薦慕容垂，認為如果不加重用，恐怕對國家不利。少主慕容暐兄弟和慕容評等人聽了慕容恪的話，卻沒有遵守。慕容恪死後，皇叔慕容評主政，慕容臧、慕容沖兄弟掌權。

當時的北方政局是前燕和前秦東西對峙。前燕的領土和人口都超過前秦，勢力原本強於前秦。慕容恪死後，前燕國勢江河日下，這主要是統治階層無能造成的。主政的慕容評能力平庸，極力搜刮百姓的財產，橫徵暴斂，連百姓喝水都要交稅。貴族官僚大量占有庇蔭戶，總數超過國家控制的戶口，致使國家的賦稅徭役減少，府庫空虛，士氣低落。前燕在短短幾年後敗落。慕容評等人還將慕容垂看作潛在的權力威脅，欲除之而後快。一幫人整天想著謀害慕容垂。慕容垂決定效仿伯伯慕容翰逃亡。他本意是逃往老家龍城，據有燕的舊疆，但沒有成功，不得不帶了兒子慕容令、慕容寶等投奔了燕國的敵人前秦去了。

慕容垂如此的人生經歷已經非常傳奇了。也許有人認為慕容垂的一生也大致如此了。可謂是「天將降大任於斯人也，必先苦其心志，勞其筋骨，餓其體膚，空乏其身」。這只算是慕容垂傳奇人生的前期。我們會在後面看到他作為主角的表演。

慕容垂投奔的前秦，國勢蒸蒸日上。西元三七〇年前秦苻堅命王猛率大軍攻燕，以慕容垂為先鋒，攻破鄴城，俘虜慕容暐，滅亡了前燕。北方歷史進入了前秦的短暫統一時期。

那個叫王猛的猛人

<h1 style="text-align:center">一</h1>

　　後趙席捲中原的時候，青州北海郡劇縣（今山東壽光東南）誕生了一個叫做王猛的漢族人。不幸身逢亂世，王猛年幼即隨家人顛沛流離，輾轉黃河南北，最後在魏郡（在河南河北交界處）住下。

　　王猛家貧如洗，為了餬口很小就在外販賣畚箕。苦難是一所大學，王猛沒有自暴自棄，也沒有隨波逐流，而是在困境中學會了讀書認字。王猛在艱難困苦之中，博學多才，喜讀兵書，學的都是經世致用之學。他沒有沾染上魏晉士人普遍的清談務虛的風氣，性格又有些清高孤傲，那些口若懸河的名士都看不起出身低微又不合群的王猛。不過，就好像那些偉人卑微時總能得到神助一樣，王猛雖然不被世俗所喜愛，卻得到了世外高人的支持。傳說王猛一次在洛陽賣畚箕，一個人要出高價買他的畚箕，因為身上沒帶錢，請王猛跟他到家裡取錢。王猛跟著那人走，一直走到深山裡，看到一位鬚髮皓然、侍者環立的老翁。王猛向老翁揖拜，老翁連忙說：「王公，您怎麼好拜我呀！」那老翁給了王猛十倍於常價的畚箕錢，還派人送行。王猛出山後，回頭一看才發現自己入了中嶽嵩山。

　　王猛長大後，很希望滿腹經綸能夠有施展的舞臺。當時，後趙統治著北方大部分地區。王猛來到後趙都鄴城，觀察有無入仕的可能。羯族統治者、達官顯貴們都瞧不起出身卑微的漢族求職者，王猛屢屢碰壁。唯獨侍中徐統「有知人之鑑」，覺得王猛與眾不同，召他擔任自己的功

曹。王猛見後趙政權逐漸荒淫，統治者並沒有得到百姓的支持，對後趙失去了信心，拒絕了徐統的徵召，前往華山隱居。在華山，王猛靜觀世間風雲變幻。

後趙政權果然在不久後崩潰，東部為前燕取代，關中地區被氐族的前秦政權攻占。西元三五四年，東晉大將桓溫北伐，打敗關中的苻健，駐軍灞上，與漢人舊都長安一步之遙。關中父老夾道歡迎晉軍收復失地，爭以牛酒勞軍。王猛畢竟是漢人，心中傾向出仕東晉，可是又不知道東晉朝廷和桓溫的虛實。於是，他身穿麻布短衣，直接前往桓溫大營求見。

桓溫是一代名士，在待人接物方面有其過人之處。他認真接待了王猛，還請王猛談談對時局的看法。只見王猛大庭廣眾之中，坐在席上一邊捉掐蝨子，一邊縱談天下大事，滔滔不絕，旁若無人。桓溫暗暗稱奇，問道：「我奉天子之命，統率十萬精兵北伐逆賊，為蒼生除害，而關中豪傑卻無人效勞王師，這是何緣故呢？」王猛直言：「桓公不遠千里深入敵境，離長安城近在咫尺卻不渡灞水攻城。關中豪傑摸不透您的心思，所以不來。」王猛的話，戳中了桓溫的心事。桓溫北伐本心並非要解救北方百姓於異族統治和戰亂頻仍的水火之中，而是借北方來提升名望和實力。他之所以沒有進攻苻健固守的長安城就是不願消耗實力。聽了王猛的話，桓溫默然良久，無言以對。最後，桓溫對王猛感嘆道：「江東沒有一個人能比得上您的見識啊！」

因為軍中乏食，士無鬥志，桓溫很快就退兵了。臨行前，桓溫賜王猛華車良馬，授予他都護官職，邀請王猛一起南下。王猛知道在世族橫行的東晉自己很難有所作為，追隨桓溫必將助其篡晉落下汙名，於是他再次拒絕官職，回華山繼續隱居讀書。

幾年後，前秦尚書呂婆樓把王猛介紹給了一個人。這個人不能向王猛許諾任何東西，王猛卻毅然出山與他結成了牢固的政治同盟。這個人就是苻堅。

二

苻堅是氐族酋長苻洪的孫子。後趙滅劉曜攻占關中後，遷徙了氐、羌十萬餘戶充實關東地區。後趙政權任命本民族酋長為首領加以羈絆，苻洪就是氐族的流民都督，率氐族百姓徙居枋頭（今河南汲縣）。石虎後期，不得不借助苻洪等少數民族力量維護統治。苻洪大約在這個時候組織起了氐族的武裝。石虎死後，冉閔殺戮少數民族，苻洪一度投降東晉。他在冉魏的壓力下無法在東方立足，就率領關中流民西歸故鄉。途中，苻洪被人殺死，其子苻健繼領部眾，西入潼關。關中氐人紛起響應，苻健很快就攻占長安，割據關中。永和七年（三五一年），苻健在長安稱天王、大單于，國號大秦。歷史上稱之為「前秦」。

前秦的建國基礎非常差。首先，氐族是一個弱小的民族，之所以能夠迅速在關中建國，主要是在後趙大亂關中空虛的情況下得了便宜。前秦建國後，關中其他勢力群起反對，統治極不安定；境內偏偏又連續遭遇饑荒和蝗災，草木凋敝，牛馬餓死。建國第三年，東晉桓溫大舉北伐。苻健率軍迎戰不利，退縮回長安固守，採取堅壁清野的政策，搶收莊稼，封剿物資，希望能逼退桓溫。桓溫很快退卻了。苻健又花了大力氣去鎮壓境內的反抗。西元三五五年，苻健病重，臨終前囑咐太子苻

生：「六夷酋帥和執政大臣，如果不聽你的命令，可把他們殺掉。」苻健的遺囑是在國內動盪、統治不穩的情況下說的，有他的現實考慮。偏偏苻生性格殘暴，喜好武藝，將父親的遺囑誤以為要他嚴苛暴政，繼位後凶殘無比，激化了矛盾。

丞相雷弱兒為人剛直，在朝堂上批評苻生的親信，苻生竟將他和九子、二十七孫全部殺死。苻生身體不舒服，讓太醫令程延診治。程延說苻生吃太多棗子吃出病來了。苻生大怒：「你怎麼知道我吃棗子！」立即命令將程延拉出去斬首。一次宴會，氣氛不太好，飲酒的賓客不多，苻生藉口在宴會上做酒監的尚書令辛牢勸酒不力，當場一箭將辛牢射死。苻生夢見大魚吃蒲（苻氏本姓蒲），又聽說長安有民謠說「東海大魚化為龍，男皆為王女為公」，就把太師魚遵及其七子十孫都殺了。諸如此類，劣跡斑斑。

苻生的殺戮完全沒有標準，只要對誰起疑心或者誰忤逆了他的意思，就毫不猶豫地殺之。大臣為他好，勸他幾句，苻生就以誹謗的罪名殺之；大臣討好他，說他的好話，苻生會認為這是獻媚，殺之。為了殺人方便，苻生接見群臣時，旁邊的武士弓上弦、刀出鞘，自己則把錘鉗鋸鑿等放在手邊，隨時準備殺人。最後，朝中人人自危，都希望苻生早死。

我們的二號人物苻堅就在這時出場了。他不僅希望苻生早死，而且要取而代之。

苻堅是苻生的堂弟，受封東海王。兩人性格迥然不同。苻堅漢化比較深，為人溫文爾雅，從小最受爺爺苻洪的喜歡。他八歲的時候，突然請求苻洪聘請兩位家庭教師教導自己。苻洪驚喜地說：「我們氐族從來只知喝酒吃肉，如今你有心向學，實在太好了。」他為孫子請的老師教授

的是漢族的文化和政治制度，結果苻堅對漢族制度非常了解，期待著自己也能做個開創盛世的明君。苻堅見苻生殘暴，有心推翻他，可惜力量單薄。苻堅找尚書呂婆樓商議對策。呂婆樓就推薦了王猛，誇王猛是世間少有的奇才，得他相助可以成就大事。苻堅就透過呂婆樓把王猛請到府裡。他們二人雖然沒有劉備訪諸葛亮「三顧茅廬」的曲折，卻像劉備和諸葛亮一樣一見傾心、賓主暢談甚歡。兩人在撥亂反正、發展經濟和統一天下等問題上不謀而合。苻堅對王猛的見識、才能和品格都佩服得五體投地，直呼自己發現了第二個諸葛亮。王猛也為苻堅的抱負和設想所吸引，答應結束隱居，輔佐苻堅一起闖蕩天下。

　　就在苻堅積聚力量準備政變的時候，苻生似乎嗅到了什麼味道。昇平元年（西元三五七年）六月的一天夜裡，苻生睡覺前對侍婢說：「苻法、苻堅兄弟也不可信任，明天要把他們殺掉。」侍婢痛恨苻生，連夜跑出來把消息洩露給了苻堅。苻法是苻堅的哥哥，受封清河王。兄弟兩人合計，刀都架在脖子上了，不能再猶豫了，就算力量不夠也要孤注一擲，拚死一搏。

　　於是，清河王苻法、東海王苻堅領頭造反，率領幾百人就向皇宮殺去。原以為這是一次以弱搏強勝算不大的冒險，可是苻生早已喪失人心，積怨潛伏，就差有人帶頭點火了。苻堅等人很順利地衝進了皇宮。宿衛將士們自動放下武器，有的還倒戈參加了苻堅的政變。苻生當晚喝得酩酊大醉，睡得正熟，聽見喧鬧迷迷糊糊醒來，還沒弄清楚狀況就被人捆綁了起來。苻堅宣布將苻生廢為越王，軟禁起來，不久把他殺死，並殺死苻生的親信黨羽。

　　政變成功了，苻法和群臣都擁戴苻堅。苻堅於是繼位為前秦第三代君主，以王猛為柱石，開始大展拳腳。

三

　　符堅、王猛面對的前秦局面，困難重重，矛盾紛雜，讓人不知道從何下手。

　　關中屢經戰亂，領土小而百姓疲弱，在與前燕、東晉等政權的對峙中處於劣勢。前秦內部政治黑暗，權力分散，法令不通；社會缺乏公正，豪強橫行，普通百姓承擔繁重的賦役；自然災害頻繁，田地荒蕪，鄉村頹廢。種種不利導致官民對前秦政權普遍缺乏信心，氐族的統治很不穩定。說不定，前秦又是一個一閃而過的割據王朝。

　　符堅和王猛選定的下手點是整頓吏治。他們認為一切的困難和矛盾都需要官府去解決，所以官府本身的鞏固與否、效力強弱直接關係到國政的施展。只有先建立一個強大的中央集權政府，才能進行其他創舉。而整頓的具體方法，就是「治亂世用重典」。王猛上任之初就殺戮不法豪強，符堅有些動搖，詢問王猛國家本來就不穩定，百姓持觀望態度，驟然殺戮過重是否對國對民不利？王猛認為，國家貧弱人心不附，恰恰是因為之前政府力量不足，沒有讓天下看到朝廷的實力與決心。現在要撥亂反正，壓制豪強，非下猛藥不可。符堅表示贊同，放手讓王猛去「下猛藥」。

　　姑臧侯樊世是跟隨符健殺入關中、建立前秦的氐族豪強，與符氏關係密切。他自恃資歷功勞，對符堅重用王猛非常不滿，曾當眾罵王猛：「我輩和先帝共興事業，如今大權旁落。你沒有尺寸之功，怎麼能執掌大權？這樣豈不是我種了田地你收莊稼！」樊世在朝堂上和符堅說話口

氣強硬。一次，王猛在旁指責他沒有君臣之分。樊世與王猛吵了起來，大發雷霆，竟然捋起袖子就要毆打王猛。被人拉開後，樊世氣呼呼地大罵：「不把王猛的腦袋掛在長安城門口，我絕不罷休！」苻堅大怒道：「必須殺掉這個老氐，才能整肅百官。」苻堅命令將樊世立即斬首。樊世被殺後，氐族貴族常向苻堅告王猛的狀。苻堅一概斥責，甚至在朝堂上鞭打告狀的人，公開表示對王猛的支持。從此，前秦公卿以下官吏都畏懼王猛，不敢對他的施政指手畫腳了。朝堂為之肅然。

為了壓制豪強，王猛兼任了京兆尹（長安的長官）。光祿大夫強德仗著是太后的弟弟，酗酒，豪橫，掠人財貨、子女，是長安一大禍患。王猛一上任就抓捕強德，根本不向苻堅稟報就將其殺死，陳屍通衢。苻堅得知強德被抓後，連忙派使者前來赦免。可是等使者到的時候，強德已經身首異地了。御史中丞鄧羌很贊同王猛的強權治政，與王猛通力合作。兩人疾惡糾案，無所顧忌，數旬之間殺戮豪強貴戚二十餘人。此後，豪強紛紛小心翼翼，夾著尾巴做人，不敢再橫行鄉里，更不敢與官府作對。王猛施政旗開得勝，前秦王朝權威驟然上升，迅速實現了政令暢通。苻堅感嘆：「吾始今知天下之有法也！」

政治改革成功了，王猛迅速著手其他方面的改革。作為統治民族的氐族教育程度較低，即便是當官的氐族人也有許多大字不識幾個。苻堅和王猛在統治區大興文教，恢復儒家思想教學，收氐族和其他民族子弟入學。前秦還規定，俸祿百石以上的官吏必須「學通一經，才成一藝」，不通一經一藝者一律罷官為民。自八王之亂以來，北方還是第一次有人提倡文教。透過這樣的強制措施，前秦整體教育程度有了很大提高。

苻堅和王猛非常重視農業。苻堅招攬流民，鼓勵百姓安定下來，從事耕種。為了替百姓安居樂業創造條件，苻堅「與民休息」，盡量不打擾

百姓。前秦徵發貴族豪強的僕役庇戶三萬多人，在關中興修水利，讓關中許多荒廢田地重新得到了灌溉。苻堅親自參加耕種，他的皇后則在長安郊區開闢田地養蠶，身為天下的表率。

王猛執政，除了政策得當外，政品頗足稱道。首先是公平，王猛對跋扈橫行、貪贓枉法等事痛下殺手，自己也絕對做到了廉潔自律。即使身居相位，王猛克己奉公，生活儉樸，從不驕橫凌人，讓人抓不住把柄。其次是高效，王猛透過派遣巡查使者，掌握地方情況和政策落實的情況，及時做出回饋。他本人精力旺盛，工作勤勉，從不讓政務拖沓，當日決定的事情晚上就開始推行。關中良相唯王猛，他被公認是魏晉南北朝時期北方最傑出的丞相。

經過苻堅和王猛二十多年的勵精圖治，前秦出現了國富民強、安定清平的局面。史載，當時秦境「自長安至於諸州，皆夾路樹槐柳，二十里一亭，四十里一驛，旅行者取給於途，工商買販於道」。百姓歌唱道：「長安大街，楊槐蔥蘢；下馳華車，上棲鸞鳳；英才雲集，誨我百姓。」關中地區迎來了十六國期間最穩定和繁榮的時期，而「兵強國富，垂及昇平，（王）猛之力也」。

前秦：我統一北方了！

一

　　一個政權的外部表現建立在國內發展的基礎上。隨著前秦國內情況的好轉、實力的增長，苻堅開始邁出統一天下的步伐。

　　天下大亂之時，豪傑梟雄號召數千人馬便能縱橫州縣，因為大家的力量都是半斤八兩，誰都吞併不了誰。可是一旦遇到統治堅固、兵強馬壯的政權，這些縱橫州縣的草民團隊不是四散解體就是繳械投降。前秦衰落的時候，割據各地的小政權不少。王猛大治秦國，小的割據政權自忖混不下去了，紛紛主動投降。匈奴劉氏部、烏桓獨孤部、鮮卑拓跋部等就先後降服前秦。西元三六七年，西部羌族叛亂，前涼君主張天錫想渾水摸魚，出兵擴大地盤，結果遇到王猛親自率兵平叛。王猛年輕的時候最喜歡讀的書就是兵書，行走各地也常常設想如果自己是指揮官該如何布陣攻守，所以王猛不僅是治國的丞相，更是文武全才、智勇雙全的主帥。張天錫偷雞不成蝕把米，和叛亂的羌族一起被王猛殺得大敗。王猛斬首前涼官兵一萬七千級，張天錫縮回河西走廊，奉表向前秦稱臣。前秦的外部形勢大為好轉。

　　話說苻堅的皇位是從堂兄苻生手裡奪來的。苻堅為人寬厚，這在生活交友上是好品格，但在政治上不一定是好事。苻生被殺後，他的弟弟晉公苻柳、趙公苻雙、魏公苻廋、燕公苻武四人分別鎮守地方。他們四人鎮守的都是要衝，直接掌握著軍隊，威脅苻堅的統治。王猛力勸苻堅除去苻柳等人。苻堅念及堂兄弟之間的骨肉之情，沒有採納。

　　王猛在西北與張天錫作戰的時候，苻柳在重鎮蒲坂（今山西永濟）

起兵反叛，苻雙、苻廋、苻武三人同時宣布叛亂。四位公爵同時起兵，氣勢很大，亂軍揚言要一舉攻下長安，卻沒有採取實際行動。第二年（三六八年）春，王猛從容率軍前來討伐。苻柳以割讓要地陝城（今河南陝縣，地處三門峽，扼守關中東門）給前燕為籌碼，向前燕借兵。當時前燕由慕容評掌權。慕容評才能平庸，主動放棄了這麼一個借前秦內訌獲利的良機：「我等智略，非太宰（指慕容恪）之比，能閉關保境足矣，平秦不是我等之事。」苻廋則寫信向慕容垂和皇甫真等明白人求救，說苻堅、王猛都是人中俊傑，前燕君臣不早日取之，只怕日後追悔莫及。慕容垂知道苻廋所言極是，可惜他在前燕自身難保，哪裡還能左右出兵大事？

　　苻柳他們只能靠自己的力量迎戰了。苻柳主動迎戰，王猛高掛免戰牌。他以為王猛怯戰，對王猛掉以輕心，留下兒子守城，自己親率精銳偷襲長安。王猛偵知了情報，暗中派鄧羌設伏，將苻柳精銳殺得丟盔棄甲，只剩數百騎逃回蒲坂。苻柳主力損失殆盡，無力堅守蒲坂。城破後，苻柳被殺。其他三位公爵被各個擊破，陸續被殺。苻廋被俘後，苻堅親自審問他為什麼造反。苻廋實事求是地說：「我的弟兄都謀逆造反了，臣怕受連累而死，所以索性一起造反。」苻堅賜他自盡，沒有株連其他人，連苻廋的兒子也被赦免了。苻堅的寬厚就展現在這些地方。

　　四公爵叛亂被平定後，前秦內外肅清。苻堅、王猛開始四出攻伐敵國。而頭號敵人就是東方的前燕了。

　　前燕的基礎比前秦要好得多，經過二十多年的發展後卻遠遠落在了前秦的後面。這裡面除了苻堅和王猛治國有方的原因外，另一大原因是前燕的內訌。慕容家族的第二代慕容皝、慕容翰內訌過，第三代內訌得更過分，導致一代梟雄慕容垂被排擠到了前秦。而掌權的慕容評等人才

能平庸，國內民族和經濟矛盾重重，人心不穩，士氣渙散。前秦正想著如何吞併前燕，南方的桓溫又開始北伐了。這為前秦創造了機會。

西元三六九年，桓溫北伐的主要目標是前燕，進展非常順利，七月就攻至枋頭。燕都鄴城震動。前燕皇帝慕容暐求救於前秦，答應割虎牢關（今河南滎陽氾水鎮）以西領土給前秦。前秦的多數大臣目光短淺，反對救援前燕，對前燕敗於桓溫有幸災樂禍的感覺。王猛則認為前秦和前燕唇亡齒寒，如果坐視桓溫消滅前燕，則前秦大事不妙。他向苻堅建議先出兵與前燕擊退晉軍，然後乘前燕戰後虛弱、缺乏防備再吞併它。苻堅採納王猛的意見，出兵聯合前燕與東晉北伐軍作戰。九月，燕秦聯軍大敗晉兵，桓溫敗歸南方。戰後，前燕毀約，不願割地給前秦。王猛要的就是一個藉口，前燕此舉引來了前秦的大舉討伐。虎牢關以西的土地，前燕不是不願意給嗎？王猛帶上三萬兵馬親自來拿了。西元三七〇年正月，秦軍包圍秦燕交界處的重鎮洛陽。洛陽燕軍鬥志全無，開城門投降。

西元三七〇年夏，王猛統帥楊安等將領，率戰士六萬大舉伐燕。前燕慕容評率兵三十萬迎戰。面對著五倍於己的強敵，王猛採取四處出擊的策略，掌握主動權。他自己一舉攻下太行山口的要塞壺關。楊安北上進攻晉陽。晉陽重兵把守，楊安連攻兩月沒有攻克。王猛即率軍馳援。他見晉陽城牆高大堅固，改變策略，督促士卒連夜挖通地道，輸送壯士數百人潛入城中。約定時間，城內伏兵鼓譟而出，殺盡守門兵丁，開啟城門迎大部隊入城。偷襲成功，秦軍迅速占領晉陽，俘虜前燕王公和官兵無數，動搖了前燕原本就不頑強的抵抗決心。慕容評的主力，裹足不前。王猛不給慕容評喘息的機會，率得勝之師迅速南下，逼慕容評進行主力決戰。慕容評判斷秦軍孤軍深入，不能持久，想拖垮秦軍。誰知王

猛一心要速戰速決，挑選五千精銳騎兵偷襲燕軍輜重，放火燒個精光。這把火瓦解了燕軍的士氣，連坐守鄴城的慕容暐都看不下去了，派人嚴責慕容評。慕容評平日巧取豪奪、貪贓枉法，聚斂了大量財富。慕容暐嚴令他將財富散發給士兵，鼓舞士氣，然後迫令他出戰。外有聖旨逼戰，內無隔夜糧草，慕容評想不決戰都不成，倉促決戰的結果是燕軍大敗。慕容評只帶少數親隨逃回鄴城。王猛長驅東進，包圍了鄴城。

當年十一月，苻堅以投降的慕容垂為前鋒，親率十萬精兵與王猛會師，準備對鄴城發動最後攻勢。慕容暐、慕容評棄城逃走，大臣開門投降。秦兵占領鄴城後，追上慕容暐將其俘獲。慕容評逃到高句麗，被高句麗捆綁起來送給前秦。至此，前燕滅亡。

滅亡前燕後，前秦用兵西方。當初大敗張天錫時，前秦俘虜了前涼官兵五千人。如今，王猛將這些俘虜全部放回涼州，並捎給張天錫一封親筆信。在信中，王猛分析了天下形勢，前秦已經基本統一北方，鐵騎數以十萬計，而前涼割據河西一隅，早已元氣大傷。王猛為張天錫的利益考慮，勸他納土歸降。張天錫本是小國之君，就怕遇到獨步天下的大國，如今偏偏就遇到了蓬勃興旺的前秦。他寢食不寧，翻來覆去了幾天，覺得王猛的意見還是最現實的方法。於是，張天錫向前秦投降，前涼滅亡。前秦和平獲得了河西之地。在此基礎上，西元三八二年苻堅又命將軍呂光率軍經營西域。呂光攻破焉耆、龜茲等三十六國，俘獲大量珍寶和馬匹，自東漢以後再次將中原王朝的統治衍生到西域。

在西南方向，前秦也有「意外的收穫」。在西部，前秦和東晉原本沒有直接對峙，中間隔著一個楊氏仇池政權。仇池楊氏原也是氐族的一個分支，早在蜀漢和曹魏爭鬥時期就游離在蜀魏之間，西晉末期占據現在甘肅南部和四川北部一隅，割地為王。其國甚小，不包括在十六國之

內。前秦強盛後，於西元三七一年滅仇池。屏障一去，東晉的梁、益二州就直接與前秦對峙了。

與前秦相比，東晉梁、益兩州的情況不太樂觀。桓溫擅權引起了東晉內鬥。梁州（主要在今陝西南部漢中地區）和益州（四川大部）遠離東晉政治核心，朝廷無暇顧及這一地區。和前秦的生龍活虎相比，對峙的晉軍長期武備不修、城池破敗。東晉梁州刺史楊亮守土有責，終日滿臉愁容，不知如何是好。楊亮認為原仇池地區是南北拉鋸的屏障，關係漢中存亡，與其坐以待斃，不如冒險出擊。於是，楊亮在西元三七三年主動對前秦發動進攻，試圖奪取仇池地區。前秦的梁州刺史楊安反擊，打敗晉軍。晉軍冒險行動失敗後，引發了惡劣的連鎖反應，梁州各郡縣長官聞風而逃，引得前秦軍隊殺入梁州。苻堅敏銳地把握住機會，將這個邊界小衝突擴大為全面戰爭，加派兵力分路南下，志在奪取巴蜀。其中一支秦軍進攻漢中。楊亮糾集殘軍和本地少數民族軍隊再戰，再敗，漢中失守。梁州被前秦占領。另一支秦軍直撲四川的北部天險劍閣。劍閣由晉梓潼太守（今四川綿陽）周虓防守。周虓文人出身不懂軍事，只知道防守郡城，竟然沒有派兵扼守一夫當關，萬夫莫開的劍閣，導致前秦軍隊順利通過天險，包圍梓潼。兵臨城下，周虓首先想到的是一家老小的安危，竟然率軍放棄城池，保護老母幼子奪路向湖北逃去，途中為秦軍俘虜。周虓投降。川北形勢急遽惡化，益州的東晉官吏也聞風而逃，秦軍兵不血刃開進成都。東晉朝廷令荊州軍隊救援四川，不想荊州軍隊膽寒，拖延不前，等到秦軍占領四川全境後也無法救援了。反倒是四川軍民不滿前秦的統治，各地騷亂、起義不斷，前秦鄧羌、楊安等花了一年多時間才真正把四川給穩定下來。

至此，前秦基本統一了北方，並占領長江上游地區，疆域達到十六

國的極盛。十分天下，秦居其七，剩下的三分在顫慄發抖的東晉手中。

二

就在前秦統一北方的前夜，西元三七五年六月，王猛病倒了。

符堅和王猛的關係，真如魚水。王猛比符堅大十三歲，符堅一直以長輩之禮尊敬王猛。王猛病後，符堅親自為他祈禱，並派侍臣遍禱名山大川。七月，王猛病情還是轉重，彌留之際對前來探望的符堅留下遺言：「晉朝雖然僻處江南，卻是華夏正統，目前上下安和。臣死之後，希望陛下千萬不可圖謀伐晉。鮮卑、西羌等歸降貴族終懷二心，是我們的仇敵，遲早要成為禍害，應該逐漸剷除他們，以利於國家。」王猛還囑咐其子以十具牛耕田務農，其餘一無所求。

前秦上下聽到噩耗，哭聲震野，三日不絕。符堅三次臨棺祭奠，都慟哭不能自已。他對太子符宏說：「上天不讓我統一天下，怎麼這樣快就奪去我的王猛啊！」前秦按照漢朝安葬大司馬大將軍霍光的最高規格，隆重地安葬了王猛，諡王猛為「武侯」。這個諡號和蜀漢給諸葛亮的諡號一樣，取的就是王猛和諸葛亮一樣都是國家柱石、勤政無私的意思。

符堅的成功的確是在王猛的精心輔佐下才取得的。王猛死後，符堅的許多政治弱點開始放大。

首先，符堅為政最大的紕漏就是待敵過於寬鬆，厚待投降和被俘的各割據政權統治者。前涼還沒投降的時候，符堅就為張天錫造好了府邸，等著張天錫入住。張天錫投降後，符堅立即任命他為尚書，封歸義

侯，沒有絲毫防備。（卻說這個張天錫在前秦崩潰後又投奔東晉，因為張家割據涼州始終以晉臣自居，東晉朝廷將張天錫樹立為政治花瓶。張天錫在「祖國」東晉的處境和生活不太好，遠不如在前秦時。不過他總算是十六國亡國之君中唯一一位得以善終的。）又比如前燕滅亡後，慕容暐等皇室成員都在長安擔任了新職，其中慕容暐受封新興侯，全家人依舊過著錦衣玉食的生活。慕容暐的母親死了，苻堅竟然以燕國皇后之禮安葬；入宮做了苻堅妃子的燕國清河公主很得苻堅的寵愛，史稱「寵冠後庭」。羌族姚氏政權進攻前秦失敗，姚萇不得不率部投降，苻堅也允許他繼續統領舊部，還予以安置。其他政權的亡國宗室的待遇大抵如此。我們都知道苻堅為人寬厚。害人之心的確不可有，對被俘或者投降的敵人也應該慈悲為懷，這都沒錯，可是防人之心不可無。苻堅就一點都不防備身邊的前敵人，還讓他們出任官職掌握軍隊，埋下了日後帝國崩解的隱患。

其次，苻堅在民族政策上處理失誤。氐族在五大胡族中人少力弱，要統治廣大的北方地區實屬不易。為了鞏固統治，苻堅採取遷徙氐人分鎮四方的政策。他消滅其他割據政權後，往往實行徙民政策，將被征服的鮮卑、烏桓、羌等民族十萬戶徙至關中，一來充實京畿地區，二來也便於控制。同時，苻堅將關中氐族十五萬戶移至關東，安置在各個要鎮，以此來加強對新征服區的控制。這一進一出，本意是好的，但客觀上分散了原本就薄弱的氐族勢力。苻堅所能依靠的本民族力量本來就有限，如今又被分散了，一旦遇到反叛難以集中力量。在前秦國勢蒸蒸日上、蓬勃發展的時候，這個隱患不會暴露出來，和前一個隱患一起潛伏著。等國勢一旦衰微，兩大矛盾一起爆發，就會要了前秦的性命。

最要命的是，苻堅沒有了王猛的輔佐，開始「升心獨斷」，在西元三八三年一意孤行，傾全國之力南征，終於爆發了淝水之戰。

　　現在，我們要把北方的局勢暫且放到一邊，把目光投向南方，將時間拉前幾十年，看看長江中下游地區在過去的幾十年中的政局發展、社會變遷，看看南方和北方是如何在淝水之戰中迎頭相撞的。

分裂是沒有前途的

一

北方和四川陷入混亂的同時，南方的長江中下游地區的某些人也在蠢蠢欲動，圖謀獨立。與北方因為皇室內訌和少數民族入侵造成的分裂不同，南方的分裂傾向有更為深刻的社會原因。

南方第一次傾向分裂邊緣是在晉惠帝太安二年（西元三〇三年），北方八王之亂正盛之時。為了鎮壓四川李氏兄弟領導的流民起義，荊州（今湖北湖南大部）官府強徵青壯年入伍去四川作戰。百姓們都不願意去，官府只知道一味催逼。義陽（今河南新野）人張昌乘機糾合那些不願遠戍的百姓，再籠絡南下荊州要飯的北方流民，揭竿而起。張昌順利地打敗荊州官兵，占領了江夏郡，隊伍很快發展到數萬人。

有記載說張昌是「義陽蠻」，認為他是少數民族人。張昌的軍隊裝束很奇怪，將士們都頭戴紅帽，拿馬尾當鬍子掛在臉上，很有少數民族特色。但張昌即便真的是少數民族，也是漢化很深的少數民族後裔。他祖父都在州縣為吏，張昌本人的行為方式也完全是漢化的。他改名李辰，鼓吹「會有聖人出來為民之主」，然後找到做過縣吏的丘沈，把他改名叫劉尼，詐稱漢室後裔，立為皇帝。張昌自己做相國，正式開朝建國了！張昌政權趁南方空虛，四處攻略，擴大地盤。張昌親自北上，進攻襄樊和宛城，殺死司馬懿的孫子、新野王司馬歆；部將陳貞向南下攻陷武陵、零陵、長沙、武昌（今湖北鄂州）、豫章（今江西南昌）等地；另一個部將石冰東進，在長江下游埋下了巨大的隱患。至此，張昌政權占據了荊、江、徐、揚、豫五州的許多州縣，儼然是一個強大的割據政權。

南方糜爛，眼看將不為朝廷所有，西晉王朝緊急調年長而幹練的大臣劉弘出任荊州刺史，全權負責鎮壓張昌。

劉弘主要做了兩件事。第一是與民為善，消除百姓對朝廷的不滿情緒；第二就是破格提拔了一個人：盧江潯陽（今湖北黃梅西南）人陶侃。這後一件事深刻影響了東晉早期歷史。

陶侃，出身寒門，少年喪父，家境至貧，與母親湛氏相依為命。湛氏非常堅強，對陶侃管教很嚴，日夜紡織甚至割髮賣錢培養兒子，希望兒子能夠有所作為。陶侃從小嚴肅勤勉，自強不息，好結交朋友。儘管能力出眾、名聲在外，卻因為出身低賤，陶侃只能出任一些雜役閒差。他先是在縣功曹周訪的薦引下當過縣主簿，後來去洛陽四處求官，受到侮辱，後來補任荊州南部的武岡縣令。此時陶侃已經四十多歲了，感嘆命運不濟，加上與太守關係緊張便棄官回家，以後又當過郡裡的小中正。劉弘知人善任，破格提拔，任命陶侃為南蠻長史、大都護，領兵打張昌。陶侃連戰連勝，張昌敗亡，荊州的叛亂很快就被平定了。劉弘非常高興，對陶侃說：「我從前在羊公（羊祜）手下做參軍，羊公說我日後會做到他當時的官職。現在看來，你會成為我的後任。」陶侃時年四十五歲，剛嶄露頭角，算是高齡了。

張昌餘部石冰還在江東一帶發展。西晉建立後，原先東吳的世家大族紛紛在江東占地自守，儲存了強大的實力。他們紛紛起兵，自發與石冰作戰。義興（今江蘇宜興）周氏是江東大族中的「強宗」。周氏代表周玘聯合另外兩個大族賀循、甘卓一齊起兵，攻殺石冰委派的官吏和軍隊，迫使石冰向北發展，進攻淮南重鎮壽春（今安徽壽縣）。鎮守壽春的徵東將軍劉準嚇得不知如何是好。陶侃的同鄉陳敏，和陶侃一樣廉潔能幹，可惜出身低微，在郡吏位置上徘徊。當時，陳敏恰好在壽春運

糧。他自告奮勇，組織運糧兵，再從劉準手裡要來了部分正規軍，迎戰石冰。陳敏指揮得當，作戰勇敢，鎮壓了石冰的軍隊。朝廷任命他做廣陵相。

如果說張昌、石冰的造反還屬於傳統的農民起義的範疇，那麼，南方接下來的又一場大亂則是有著明確政治意圖、影響廣泛的「獨立運動」。

立下大功的陳敏本身也是個野心家，能幹又有地盤。永興二年（三〇五年），東海王司馬越用陳敏做右將軍、前鋒都督。他不看好司馬越，藉口回江東擴充軍隊，於當年十二月攻占歷陽（今安徽和縣），公開反晉，派兄弟陳恢與錢端南取江州（今江西、福建、鄂南）、兄弟陳斌東取長江下游各郡。西晉官吏望風而逃。

陳敏有著強烈的政治目的：割據江南，恢復東吳時期南北對峙的局面。東吳的建立者孫堅父子就是趁北方大亂，奪取江東各郡為根據地逐步發展起來的。巧合的是，孫堅也出身低微，長期在郡吏的位置上徘徊。所以，陳敏對南方各地以「恢復故國」相號召，對江東的豪傑、名士注意收羅禮待。西晉統一後對南方的歧視導致南方各個階層，尤其是在新王朝仕途不順的士人階層，普遍對東吳政權有所留戀，傾向趁北方大亂重新獨立。大族甘卓主動向陳敏示好，把女兒嫁給他的兒子；顧榮和陸機、陸雲兄弟並稱「江南三駿」，在洛陽很不順利，如今欣然接受了陳敏政權右將軍的任命。賀循、周玘兩人雖然裝病觀望，沒有加入反叛隊伍，但也沒有起兵鎮壓，默認了陳敏對江南各地的占領。江東既定，陳敏自封為都督江東諸軍事、大司馬、楚公，建立了「楚」政權，加九錫，為稱帝做準備。

陳敏安撫了江東地區，只是恢復了東吳一半的領土，位居上游的荊

州還在劉弘的控制下。陳敏既以復國相號召又要保障江東安全，計劃集中精銳攻取荊州後再登基稱帝。陳敏西進的第一關就是江夏郡。江夏太守恰好是陶侃。考慮到陶侃和陳敏是廬江老鄉，荊州許多人擔心陶侃不可靠。荊州刺史劉弘用人不疑，堅決不調離陶侃。陶侃自己也很擔心，又不願意放棄與陳敏鏖戰再立新功的機會，就把一子一姪送到劉弘處做人質。劉弘不接受，說：「匹夫之交，尚不負心，況大丈夫乎！」陶侃大受感動。

江夏一戰，陶侃勝，陳敏敗。楚政權的攻勢被遏止了。

陳敏的失敗並不嚴重，主力尚存。但失敗引起的心理反應卻為他的政權帶來了毀滅性的打擊。之前，江東官民支持陳敏立國，心裡多少缺乏底氣。陳敏凱歌高奏，會提高大家的信心，而江夏的失敗一下子帶走了大家的信心。楚政權內部離心傾向增強了。

永嘉元年（三〇七年）二月，原本觀望的大族周玘策動陳敏的部將錢廣在建業（今江蘇南京）舉兵反陳敏，並詐稱陳敏已經被殺。陳敏發兵趕赴秦淮河，把鎮壓錢廣的任務交給了親家甘卓。顧榮也開始轉向反對陳敏，趕來勸甘卓說：「如果陳敏能夠立國江東，我們可以同他合作到底。但你看現在的局勢，他有成功的希望嗎？陳敏才能平常，政令反覆，子弟驕縱，敗局已定。我們如果再接受他的官爵，事敗之日我們的頭顱就會被送往洛陽，上書『逆賊顧榮、甘卓之首』，遺臭萬年，豈不可恥！」甘卓於是裝病，派人接女兒回家，並毀壞秦淮河上的朱雀橋和渡船，宣布討陳。陳敏親自帶領一萬多兵馬和甘卓隔秦淮河對峙。甘卓這邊的將士大喊：「我輩為了相信顧丹楊、周安豐（陳敏任顧榮做丹楊內史、周玘做安豐太守）才願意替陳公出力。現在二公都不跟他了，你們還跟著他做什麼！」陳敏部下面面相覷，猶豫不前。顧榮走到陣前，

拿著白羽扇向對岸揮動。將士們一看果然是顧榮，才相信陳敏已經失去了世家大族的支持，紛紛潰散了（由此可見，江南世家大族們有多大的號召力）。陳敏見大勢已去，單騎逃走，在長江邊被殺。陳敏的兄弟和部將也紛紛被地方人士所殺。江東各地很快「反正」，重新「效忠」西晉朝廷。

陳敏死去剛剛半年，琅琊王司馬睿來到了建業。

二

司馬睿也是抱著在江南建國的目的來的。但是他的立足點實在不高。單單從地盤上來說，司馬睿占據的僅是揚州一隅。當時長江中下游從上到下依次為荊州、江州、揚州，大致對應現在的兩湖、皖贛和江浙。荊州、江州都聽命於洛陽朝廷，已有都督或刺史。沒有廣袤的土地，沒有穩固的上游，司馬睿想在揚州下游立國很困難。

江州刺史華軼差不多和司馬睿同時來到南方，也是東海王司馬越的黨羽。他在江州恩威並施，交好江州豪傑士人，收攬南方逃亡來的官民，史載「得江表之歡心」，比司馬睿遜色不到哪裡去。華軼藉口「洛京尚存」，不聽從司馬睿的指揮（人家本來就是朝廷命官，和司馬睿沒有上下級關係）。所以，儘管同屬一個派系，司馬睿一派卻和華軼勢同水火。永嘉五年（三一一年），司馬睿以王敦為都督西征，統甘卓、周訪等人逆江而上，企圖武力吞併華軼勢力。

話說江夏之戰後，荊州刺史劉弘病故，陶侃也因為母親病故辭官服

喪去了。一晃幾年過去了，陶侃喪期滿後，投奔了東海王司馬越。司馬越任命陶侃督護江州諸軍事，華軼也需要借重陶侃的聲望和能力，表陶侃為揚武將軍，率兵三千屯夏口防備下游。華軼與司馬睿矛盾公開後，擔任江州刺史參軍的是陶侃的姪子陶臻。陶臻認為司馬睿會戰勝華軼，裝病辭官，勸說陶侃：「華軼有憂天下之志，可惜才不足，且與琅邪王不平，恐怕在劫難逃。」陶侃覺得背棄華軼有違忠義，氣憤地將陶臻抓起來送給華軼。陶臻中途偷偷跑到建業投奔司馬睿去了。為了爭取陶侃，司馬睿「提升」陶侃為奮威將軍，給予「假赤幢曲蓋軺車、鼓吹」的待遇。當時朝廷政令不通，藩鎮長官各行其是，人事變動向朝廷匯報一下（所謂的「表」），不管朝廷有沒有收到同意不同意，就製造既成事實了。陶侃權衡再三，倒向了司馬睿陣營，結果導致華軼在王敦等人的進攻面前，兵敗身亡。事後，陶侃再升為龍驤將軍，實授武昌太守。

司馬睿爭奪江州的同時，西邊的荊、湘兩州（拆分荊州南部為湘州）陷入了杜弢之亂。這是繼張昌之亂、陳敏之亂後的第三次南方大亂，再次幾乎分裂了南方。

四川大亂後，大批巴蜀居民東遷避難，有好幾萬家進入荊湘二州。流民常和本地人發生摩擦，又受官府歧視，就推四川人李驤（與成漢政權李雄的叔父同名同姓）造反。當時的荊州刺史是王衍、王戎、王敦等人的族兄弟王澄，是個能說會道卻不知軍務的公子。流民起義起初規模很小，遭到各地方官府的鎮壓，李驤不得不向王澄投降。這事本來就這麼過去了，王澄畫蛇添足，假意答應流民投降，暗中乘其不防偷襲起義軍，並株連百姓，屠殺了八千多流民。流民更加怨恨，於永嘉五年（三一一年）正月再次推舉成都人杜弢在湘州起義。

杜弢領導起義，完全是局勢所迫。他祖父和父親都是晉朝的縣令，

本人是地方秀才（那時的秀才一州才能推舉一人，很矜貴），因避四川戰亂才遷居荊州。李驤領導第一次流民起義時，杜弢是醴陵縣令，率軍鎮壓起義。如今，杜弢卻被流民推舉為起義的領導人，真是命運多變。他自稱梁益二州牧、平難將軍、湘州刺史，發兵進攻長沙、零陵、桂陽、武昌等郡。王澄和杜弢作戰，屢次敗北，卻滿不在乎。後來，原新野王司馬歆帳下牙門將聚眾起兵，自稱楚公；原荊州刺史參軍王沖叛變，自稱荊州刺史。王澄這個荊州刺史成了空頭司令，才倉皇順江東下，逃亡建業。司馬睿很客氣地將他調任閒官（軍諮祭酒），任命了河南世族周為新的荊州刺史。周到荊州，對杜弢之亂束手無策。在江州的王敦勢力，於是派遣陶侃、周訪、甘卓等進入荊州鎮壓杜弢。

建興元年（三一三年），杜弢率軍進攻周駐地，陶侃前往救援。流民武裝擅長遠途奔襲和流動作戰，不利於硬碰硬的陣地戰。杜弢充分發揮這一特點，主動放棄周，想趁陶侃大軍在荊州的機會奔襲陶侃的大本營武昌。陶侃聽說杜弢撤圍後，猜想杜弢乘虛去襲擊武昌了，立即撤軍，搶在杜弢前面返回武昌，給予敵人迎頭痛擊。杜弢的流民武裝第一次遭到重創，大敗逃向長沙。陶侃派參軍王貢到王敦處報捷。王敦喜出望外：「若無陶侯，荊州將非國家所有！」他向司馬睿推薦陶侃為荊州刺史。陶侃以卑微的出身，在極端重視家世的晉朝、用短短十年時間升任藩鎮首腦，創造了一個奇蹟。

陶侃樂得有點飄飄然。危險就在這個時候來臨了。胡亢造反時，命原南蠻司馬杜曾為竟陵太守。杜增勇冠三軍，身穿甲冑還能在水中游泳，見胡亢猜忌暴虐，連殺部將數人，擔心大禍臨頭，在當年（三一三年）暗中聯合王沖殺掉胡亢，併吞了荊州方向的亂軍武裝。陶侃派去報捷的參軍王貢返回時，路過竟陵，不知道是立功心切還是膽大妄為，以

陶侃的名義聯繫杜曾，說服杜曾和王沖火拚。杜曾輕易殺死了王沖。陶侃得知變故，召王貢詢問。王貢怕陶侃責怪，不敢去，竟然和杜曾合作偷襲陶侃。陶侃大敗，連所乘的大船都被叛軍鉤住，僥倖跳上一隻小船才得以逃脫。陶侃因這次慘敗被革職。但荊州前線實在找不到比他更合適的負責將領，王敦讓陶侃以平民身分執掌荊州刺史職權。

陶侃面對的敵人，分別是北邊荊州的杜曾亂軍和南邊湘州的杜弢流民。陶侃先北後南，先集中軍隊討伐杜弢。他和周訪聯合，屢次戰勝杜弢，因軍功很快恢復了官職。杜弢的流民武裝在幾年征戰中，損失慘重，後續乏力，託舊時相識的南平太守應詹出面斡旋，希望能投降朝廷，保全性命。杜弢本不願造反，寫的降書言辭懇切優美，司馬睿同意了，派使者去受降，還任命杜弢為巴東監軍。然而，前線眾將貪功，仍不斷地向流民進攻。杜弢氣憤不過，殺掉受降使者，堅持造反到底。直到建興三年（三一五年）八月，陶侃才擊潰流民武裝，平定湘州。王貢投降，杜弢逃亡不知所終。

陶侃鎮壓杜弢後，乘勝北上討伐杜曾。杜曾不敢戀戰，收攏軍隊北上，圍攻宛城。鎮守宛城的是都督荊州、江北諸軍事的荀崧。荀崧無兵無糧，形勢岌岌可危，想向襄城求救又找不到適當的人選。年方十三歲的女兒荀灌自告奮勇，率領幾十名勇士，在夜幕掩護下縋出城牆，突圍而去。她邊打邊走，最終擺脫追兵，到達襄城求援。同時，荀灌還以父親的名義，向周訪求援。各支援兵到達，杜曾解圍而去。這便是「荀灌娘突圍求救」的歷史佳話。

杜曾和杜弢不同，勇而無謀，沒有遠略，並不難平定，只需給陶侃等人些時間。這個時候，官軍內部矛盾開始滋生，延誤了整個荊州局勢。陶侃之前的勝利，離不開王敦的幕後支持。隨著陶侃軍功鼎盛聲

名鵲起，王敦左右錢鳳等人妒忌起來，開始向王敦進讒。王敦對陶侃的信任大打折扣，也產生了猜忌的心理。他召陶侃想見，要解除陶侃的職務。陶侃的部將都勸他不要去見王敦。陶侃堅持去了，果然被王敦扣留，調他出任廣州刺史。廣州遠在南粵，在西晉人眼中是極偏遠之地（當時湘州、江州就被認為是邊緣之地了），陶侃的這項任命等於流放。王敦再任命堂兄弟王廙為新的荊州刺史。荊州諸將怨恨王敦處事不公，起兵抵制。王敦認為這是陶侃指使，披甲執矛竟想殺陶侃，猶豫著進進出出好幾回。不想，陶侃過來正色對他說：「使君之雄斷，當裁天下，何此不決乎！」說完，坦然自若地去上廁所。王敦佐吏提醒說，陶侃的親家周訪統兵在外，如果殺害陶侃恐怕再激起周訪兵變。王敦這才改變主意，設宴歡送。

陶侃連夜出發，趕赴廣州。在廣州，陶侃平定了南粵的騷亂，做了十年的刺史。每天早晨，他都搬一百塊磚到室外，晚上再搬回室內。旁人奇怪，問他為什麼這樣做。陶侃說：「我方致力中原，生活太安逸恐怕以後不堪事，所以堅持鍛鍊。」這便是「陶侃運甓」的故事，當時陶侃已經是個花甲老人了。

陶侃被排擠走後，荊州將領鄭攀、馬雋等人為陶侃鳴不平，遭到王敦訓斥，便率領軍隊叛變，加入杜曾亂軍。而遠在長安的晉愍帝任命的新荊州刺史（司馬睿勢力在江南任命了一系列人事，都是在形式上向朝廷上個表打個招呼便自行決定了。朝廷並不認可，甚至可能聞所未聞）、一個名叫第五猗的人恰好趕到荊州赴任。杜曾、鄭攀等亂軍就擁戴第五猗為刺史，與司馬睿勢力的荊州刺史王廙作戰。局勢更複雜了。建武元年（三一七年），杜曾連戰得勝，大軍向江陵挺進。司馬睿命周訪迎戰。周訪是陶侃的同鄉兼親家，之前和陶侃並肩作戰多年，如今領兵八千，

在沌陽（今漢陽西）和杜曾亂軍激戰。戰鬥從清晨起激戰到傍晚，周訪軍隊漸漸不支。周訪挑選八百名精兵，親自敬酒，鼓勵大家死戰，先靜候不動聽到鼓聲再行動。杜曾大軍湧到周訪中軍陣前三十步時，周訪親自擊鼓，敢死隊奮勇出擊，大破杜曾的軍隊，扭轉了戰況。周訪連夜乘勝追擊，把杜曾大軍打得潰不成軍。戰後，周訪因功升任梁州刺史，擔起了鎮壓杜曾的主要責任。太興二年（三一九年），周訪最終攻殺杜曾，俘虜第五猗。

　　如何處理第五猗，是個難題。第五猗是晉愍帝任命的官，在法律上是正牌刺史。周訪向王敦求情，希望不要殺第五猗。王敦不聽，照殺不誤。因為當時司馬睿已經在江南稱帝，在王敦眼中，司馬睿才是晉室的正宗。

權謀與詩酒，魏晉的興衰史詩：
從曹魏掌權到西晉覆滅

作　　　者：張程
發　行　人：黃振庭
出　版　者：崧燁文化事業有限公司
發　行　者：崧燁文化事業有限公司
E - m a i l：sonbookservice@gmail.
　　　　　　com
粉　絲　頁：https://www.facebook.
　　　　　　com/sonbookss/
網　　　址：https://sonbook.net/
地　　　址：台北市中正區重慶南路一段
　　　　　　61 號 8 樓
8F., No.61, Sec. 1, Chongqing S. Rd.,
Zhongzheng Dist., Taipei City 100, Taiwan

電　　　話：(02)2370-3310
傳　　　真：(02)2388-1990
印　　　刷：京峯數位服務有限公司
律師顧問：廣華律師事務所 張珮琦律師

定　　　價：350 元
發 行 日 期：2024 年 05 月第一版
◎本書以 POD 印製

國家圖書館出版品預行編目資料

權謀與詩酒，魏晉的興衰史詩：從
曹魏掌權到西晉覆滅 / 張程 著 .--
第一版 .-- 臺北市：崧燁文化事業有
限公司 , 2024.05
面；　公分
POD 版
ISBN 978-626-394-296-7(平裝)
1.CST: 魏晉南北朝史
623　　　113006536

電子書購買

爽讀 APP

臉書